まえがき

　現存する地名を歴史的に見ますと、その多くは10世紀の中頃 源 順(みなもとのしたごう)により編纂された「倭(和)名類聚抄(鈔)(みょうるいじゅしょう)」(略称「和名抄」)に求めることができます。現在私達が日常なにげなく使っている地名は、祖先が営々として築きあげた歴史を物語るもので、地名の中にその地域の生成を見ることができます。

　明治11年の郡区町村編成法により復活した現行の郡名について見ますと、出雲地方のうち、飯石、仁多の2郡と、石見地方の邑智、鹿足の2郡が、大化改新の時代以来の郡名を踏襲しております。「和名抄」に記載されているもののうち、自然村である郷名をとって見ても、現在の地名にその名が多く残っています。

　また、古い地名の中には私達の人名と同一のものが多く見られます。この場合、地名が先か人名が先かは必ずしも明確ではありませんが、通常は祖先が何々地に住んでいた何某の子孫というように、人名は地名に由来するものが多いと言われています。

　「島根県の地名鑑」は、現代社会で重要な役割を果たしている地名を整理し、各方面における資料として供するとともに、貴重な歴史の産物としての地名を記録し、後世に残すことを目的として発刊しております。昭和22年の初版より平成23年の第9次改訂版まで版を重ねてまいりましたが、第9次改訂版はホームページへの掲載のみとしており、冊子としては平成18年の第8次改訂版の発刊が最後となっておりました。

　今回、平成29年が地方自治法施行70周年という意義深い年にあたることを記念し、また、第9次改訂版の作成以降、掲載事項にも変更が生じてきたことから、各市町村の協力を得て第10次改訂版を発刊することといたしました。

　本地名鑑が各方面において広く活用されることを望むとともに、島根県のこれまでの歴史を後世へ伝える一助となれば幸いです。

平成30年3月31日

島根県地域振興部市町村課長

吾　郷　朋　之

目　　次

Ⅰ　島根県の変遷 …………………………… 4
Ⅱ　市町村合併等の経過 …………………… 5
　　1．明治22年4月1日現在の市町村名一覧 ……… 5
　　　(1)　市制町村制施行市町村 ………………… 5
　　　(2)　市制町村制未施行町村（隠岐島）……… 6
　　2．明治37年4月1日隠岐国町村制施行当時の町村
　　　　………………………………………………… 7
　　3．市制町村制施行後の市町村合併等の状況
　　　　（明治22年〜昭和22年）……………………… 8
　　4．昭和22年5月3日現在の市町村名一覧
　　　　（地方自治法施行当時）……………………… 10
　　5．地方自治法施行後の市町村合併等の状況
　　　　（昭和22年〜昭和62年）……………………… 19
　　6．昭和62年2月1日現在の市町村名一覧 ……… 24
　　7．平成の市町村合併等の状況
　　　　（昭和62年〜平成18年）……………………… 27
　　8．平成の市町村合併等の状況（平成23年度）… 29
　　9．平成23年10月1日現在の市町村名一覧 ……… 29
　　10．平成29年4月1日現在の市町村名一覧 ……… 30

Ⅲ　市町村数の変遷 ………………………… 31

Ⅳ　島根県市町村図 ………………………… 33
　　1．昭和22年5月3日（地方自治法施行）現在
　　　　………………………………………………… 35
　　2．昭和62年2月1日現在 ……………………… 36
　　3．平成18年3月31日現在 ……………………… 37
　　4．現在の白地図（19市町村）
　　　　現在の白地図（19市町村：59市町村境有り）
　　　　………………………………………………… 38

Ⅴ　市町村の概要 …………………………… 41
　　1　市の部 ……………………………………… 41
　　　　松江市 ………………………………………… 43
　　　　浜田市 ………………………………………… 69
　　　　出雲市 ………………………………………… 83
　　　　益田市 ………………………………………… 109
　　　　大田市 ………………………………………… 121
　　　　安来市 ………………………………………… 129
　　　　江津市 ………………………………………… 137
　　　　雲南市 ………………………………………… 143

　　2　郡の部 ……………………………………… 157
　　　　奥出雲町 ……………………………………… 161
　　　　飯南町 ………………………………………… 165
　　　　川本町 ………………………………………… 169
　　　　美郷町 ………………………………………… 173
　　　　邑南町 ………………………………………… 177
　　　　津和野町 ……………………………………… 183
　　　　吉賀町 ………………………………………… 187
　　　　海士町 ………………………………………… 191
　　　　西ノ島町 ……………………………………… 195
　　　　知夫村 ………………………………………… 199
　　　　隠岐の島町 …………………………………… 203

参考資料　島根県内の市町村役場住所一覧 ……… 208

島 根 県

〈県名の由来〉
　「島根」の県名は、明治4年（1871年）11月廃藩置県後の松江県・広瀬県・母里県の統廃合の際に付されたもので、県庁所在地（松江殿町）が古くは島根郡に属していたことから、この郡名を採用したものです。

県　章
　中心から放射線状に伸びる四つの円形が雲形を構成して、島根県の調和のある発展と躍進を象徴し、円形は「マ」を四つ組み合わせたもので、シマと読まれ、県民の団結を表している。

県の花　牡丹（ぼたん）

県の木　黒松（くろまつ）

県の鳥　ハクチョウ

県の魚　とびうお（アゴ）

人口等の状況	年　月　日	平成17.10.1	平成22.10.1	平成27.10.1
	人　口（人）	742,223	717,397	694,352
	世帯数（世帯）	260,864	262,219	265,008
	面　積（k㎡）	6,707.56	6,707.95	6,708.24

I 島根県の変遷

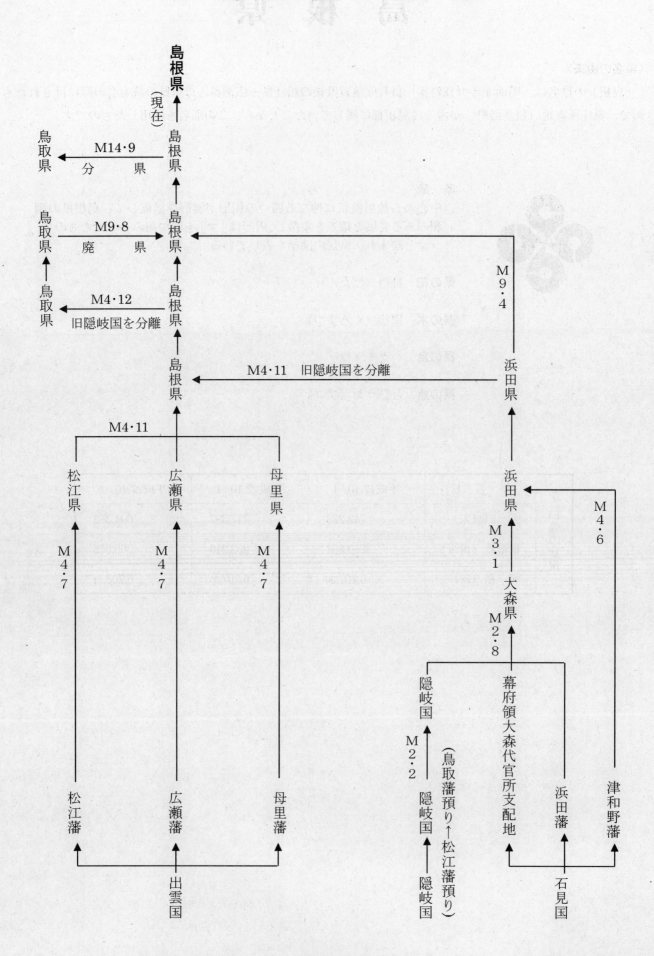

Ⅱ 市町村合併等の経過

1．明治22年4月1日現在の市町村名一覧

(1) 市制町村制施行市町村

区　分	市　町　村　名
市 （1市）	松江市（まつえし）
島根郡 （しまねぐん） （16村）	法吉村・生馬村・講武村・御津村・大芦村・加賀村・野波村・千酌村・片江村・美保関村・森山村 本庄村・持田村・東川津村・西川津村・朝酌村
秋鹿郡 （あいかぐん） （8村）	伊野村・大野村・秋鹿村・長江村・古曾志村・古志村・佐太村・恵曇村
意宇郡 （いうぐん） （16村）	津田村・竹矢村・出雲郷村・揖屋村・意東村・岩坂村・熊野村・大庭村・乃木村・忌部村・湯町村 玉造村・来海村・宍道村・波入村・二子村
能義郡 （のぎぐん） （2町） （14村）	広瀬町・飯梨村・能義村・荒島村・赤江村・安来町・島田村・宇賀荘村・大塚村・安田村・母里村 井尻村・赤屋村・比田村・山佐村・布部村
仁多郡 （にたぐん） （10村）	布勢村・三成村・亀嵩村・横田村・鳥上村・八川村・馬木村・阿井村・三沢村・温泉村
大原郡 （おおはらぐん） （11村）	屋裏村・加茂村・神原村・木次村・日登村・佐世村・幡屋村・春殖村・阿用村・大東村・海潮村
飯石郡 （いいしぐん） （16村）	一宮村・三刀屋村・飯石村・鍋山村・中野村・田井村・吉田村・掛合村・多根村・松笠村・波多村 須佐村・志々村・頓原村・来島村・赤名村
出雲郡 （しゅっとうぐん） （6村）	荘原村・出西村・伊波野村・直江村・久木村・出東村
楯縫郡 （たてぬいぐん） （1町） （10村）	灘分村・平田町・国富村・鳶巣村・鰐淵村・西田村・北浜村・久多美・佐香村・檜山村・東村
神門郡 （かんどぐん） （2町） （28村）	窪田村・山口村・乙立村・田儀村・田岐村・久村・江南村・西浜村・神西村・知井宮村・布智村 古志村・高松村・園村・荒茅村・荒木村・杵築町・杵築村・日御碕村・鵜鷺村・遙堪村・高浜村 四纏村・川跡村・大津村・今市町・塩冶村・朝山村・稗原村・上津村
邇摩郡 （にまぐん） （19村）	水上村・大森村・大家村・八代村・井田村・波積村・福浦村・福光村・大浜村・温泉津村・湯里村 明治村・仁万村・宅野村・五十猛村・静間村・久利村・忍原村・大屋村
安濃郡 （あんのぐん） （10村）	大田村・長久村・鳥井村・刺鹿村・波根西村・波根東村・朝山村・富山村・佐比売村・川合村

—5—

区分	市　町　村　名
邑智郡 （30村）	川本村・吾郷村・粕淵村・浜原村・沢谷村・谷村・都賀行村・都賀村・口羽村・阿須那村・布施村 高原村・出羽村・田所村・井原村・中野村・矢上村・市木村・日貫村・長谷村・市山村・日和村 川戸村・谷住郷村・川越村・川下村・三原村・三谷村・祖式村・君谷村
那賀郡 （1町） （44村）	浜田町・石見村・上府村・下府村・国分村・川波村・二宮村・都野津村・都濃村・江津村・渡津村 浅利村・都治村・黒松村・下松山村・松山村・川平村・跡市村・有福村・伊南村・雲城村・久佐村 美又村・木田村・和田村・都川村・今市村・波佐村・高城村・長安村・杵束村・黒沢村・西隅村 岡見村・古市場村・西湊村・岡崎村・芦谷村・大麻村・井野村・漁山村・三階村・大内村・周布村 長浜村
美濃郡 （1町） （20村）	益田町・鎌手村・種村・北仙道村・東仙道村・都茂村・二川村・道川村・匹見上村・匹見下村 真砂村・小野村・安田村・豊川村・豊田村・高城村・二條村・美濃村・中西村・高津村・吉田村
鹿足郡 （1町） （11村）	津和野町・喜時雨村・木部村・青原村・日原村・須川村・小川村・柿木村・七日市村・朝倉村 六日市村・蔵木村
計	1市8町269村（隠岐島は除く。）

(2) 市制町村制未施行町村（隠岐島）

区分	町　村　名
周吉郡 （3町） （23村）	中町・西町・東町・蛸木村・加茂村・今津村・西田村・下西村・平村・上西村・原田村・池田村 有木村・八田村・布施村・飯田村・犬来村・釜村・大久村・卯敷村・東郷村・飯美村・中村 元屋村・湊村・西村
隠地郡 （14村）	小路村・津戸村・都万村・那久村・油井村・南方村・苗代田村・那久路村・郡村・山田村・北方村 代村・久見村・伊後村
海士郡 （8村）	布施村・崎村・太井村・知々井村・豊田村・宇受賀村・海士村・福井村
知夫郡 （5村）	浦郷村・知夫村・美田村・別府村・宇賀村
計	3町50村

2．明治37年4月1日隠岐国町村制施行当時の町村

郡　名	町村名	明治22年4月1日当時の町村名
周吉郡（すきぐん）	磯　村（いそむら）	西田村　下西村　今津村　加茂村
	中條村（なかすじむら）	原田村　上西村　池田村　有木村　平村　八田村
	東郷村（とうごうむら）	飯田村　東郷村　犬来村　釜村　大久村
	中　村（なかむら）	元屋村　中村　湊村　西村　伊後村（隠地郡）
	布施村（ふせむら）	卯敷村　布施村　飯美村
	西郷町（さいごうまち）	中町　東町　西町
隠地郡（おちぐん）	五箇村（ごかむら）	郡村　山田村　那久路村　小路村　北方村　代村　苗代田村
		久見村　南方村
	都万村（つまむら）	都万村　津戸村　那久村　油井村　南方村の蔵田里　蛸木村（周吉郡）
海士郡（あまぐん）	海士村（あまむら）	海士村　宇受賀村　豊田村　福井村　布施村　知々井村　太井村
		崎　村
知夫郡（ちぶぐん）	浦郷村（うらごうむら）	浦郷村
	黒木村（くろきむら）	別府村　宇賀村　美田村
	知夫村（ちぶむら）	知夫村

3．市制町村制施行後の市町村合併等の状況

（明治22年4月1日～昭和22年5月3日）

明21. 4.17	市制町村制公布（法律第1号）
22. 4. 1	市制町村制実施　1市8町269村
〃	「町村制ヲ施行セサル島嶼」（隠岐国3町50村）
23. 2.18	鹿足郡小川村のうち大字瀧元の区域を日原村に編入
5.17	郡制公布（法律第36号）
24. 4. 1	大原郡木次村大字里方、山方をもって斐伊村をおき、残りは町制
〃	邇摩郡明治村を廃し、大字馬路をもって馬路村を、大字大国、天河内をもって大国村をおく。
5.31	鹿足郡喜時雨村を畑迫村に改称
25.10. 5	那賀郡岡崎村を三隅村に改称
26. 7. 9	意宇郡来海村を来待村に改称
29. 2.20	飯石郡須佐村が分割され、東須佐村、西須佐村となる。
4. 1	意宇郡、島根郡、秋鹿郡を廃して八束郡を、出雲郡、神門郡、楯縫郡を廃して簸川郡をおく。
32. 3.16	郡制制定（法律第65号）により郡制（明23. 5.17法律第36号）廃止
36. 4. 1	八束郡西川津村、東川津村を廃し、川津村をおく。
11. 6	大原郡大東町、安濃郡太田村、邇摩郡大森村、温泉津村町制施行
37. 1. 8	隠岐国に町村制実施に先立ち、1町11村に統合（2町39村減）
3.12	島根県隠岐国ニ於ケル町村ノ制度ニ関スル件（勅令第63号）により隠岐国は町村制実施
4. 1	島根県隠岐国ニ於ケル町村ノ制度ニ関スル勅令施行（内務省令第6号）
38. 4. 1	八束郡玉造村、湯町村を廃し、玉湯村をおく。
41. 5. 1	八束郡古志村、古曾志村、長江村を廃し、古江村をおく。
43.10. 1	那賀郡古市場村、西湊村を廃し、三保村をおく。
44. 4. 7	市制改正（法律第68号）及び町村制改正（法律第69号）の制定により、市制町村制（明21. 4.17法律第1号）を廃止
大 2. 7. 1	那賀郡江津村町制施行
8. 4. 1	那賀郡井野村、芦谷村を廃し、井野村をおく。
10. 4.12	郡制廃止ニ関スル件（法律第63号）制定
11. 4. 1	那賀郡都野津村町制施行
7. 1	那賀郡高城村、長安村を廃し、安城村をおく。
10. 1	美濃郡高津村町制施行
12. 2.11	那賀郡石見村、三階村、伊南村、久佐村、美又村を廃し、石見村、三階村、伊南村大字後野をもって石見村を、久佐村、美又村、伊南村大字佐野、宇津井をもって今福村をおく。
3.15	大正12年法律第63号第1条施行期日の件（勅令第44号）制定
4. 1	同勅令実施による郡廃止

大13. 1. 1	八束郡美保関村町制施行
14. 4. 1	簸川郡杵築町、杵築村を廃し、大社町をおく。
昭 2. 4. 1	那賀郡三隅村、西隅村を廃し、三隅町をおく。
〃	邑智郡川本村町制施行
11. 1	八束郡宍道村町制施行
3.11. 1	飯石郡三刀屋村町制施行
4. 1. 1	八束郡二子村、波入村を廃し、八束村をおく。
4. 1	邇摩郡忍原村を廃し、字戸蔵を邇摩郡久利村に、その他の区域を安濃郡川合村に編入
10. 1	大原郡加茂村町制施行
9. 4. 1	那賀郡松山村、下松山村を廃し、松川村をおく。
9. 5. 1	大原郡加茂町、神原村、屋裏村を廃し、加茂町をおく。
7. 1	美濃郡吉田村町制施行
8. 1	飯石郡赤名村町制施行
12. 1	八束郡津田村を松江市に編入
10. 1. 1	八束郡揖屋村町制施行
2.11	那賀郡漁山村、大内村を廃し、美川村をおく。
〃	鹿足郡日原村、須川村を廃し、日原村をおく。
11. 5.10	邇摩郡仁万村町制施行
12. 5.28	安濃郡刺鹿村、波根西村を廃し、久手町をおく。
14. 2.11	八束郡川津村を松江市に編入
11. 1	八束郡朝酌村を松江市に編入
15. 4. 1	那賀郡江津町、都濃村、渡津村を廃し、江津町をおく。
11. 3	那賀郡浜田町、石見村、長浜村、周布村、美川村を廃し、浜田市をおく。
16. 2.11	簸川郡今市町、塩冶村、大津村、高松村、高浜村、川跡村、四纏村、鳶巣村、古志村を廃し、出雲町をおく。
〃	美濃郡益田町、高津町、吉田町を廃し、石見町をおく。
7. 1	仁多郡三成村、横田村町制施行
8. 1	那賀郡上府村、下府村、国分村を廃し、国分村をおく。
〃	邇摩郡温泉津町、大浜村を廃し、温泉津町をおく。
11. 3	簸川郡出雲町市制施行
〃	飯石郡一宮村を廃し、字西谷を簸川郡上津村に、その他の区域を飯石郡三刀屋町に編入
18. 4. 1	簸川郡知井宮村、布智村を廃し、神門村をおく。
7. 1	美濃郡石見町を益田町に改称
21.11. 3	鹿足郡日原村、知夫郡浦郷村町制施行

4．昭和22年5月3日現在の市町村名一覧

（地方自治法施行当時）

区　分	市町村名	人　口	戸　数	面積 (km²)	現在市町村名
市 （3市）	（市　計）	136,218	28,548	197.71	
	松江市	57,401	12,498	35.32	松　江　市
	浜田市	37,055	8,303	104.83	浜　田　市
	出雲市	41,762	7,747	57.56	出　雲　市
八束郡 （3町） （29村）	（郡　計）	90,044	16,523	425.09	
	法吉村	1,831	403	7.29	松　江　市
	生馬村	1,999	335	9.70	〃
	講武村	2,329	375	13.24	〃
	御津村	1,025	194	3.94	〃
	大芦村	1,417	276	8.27	〃
	加賀村	1,644	326	13.73	〃
	野波村	2,781	484	15.50	〃
	千酌村	1,999	380	12.55	〃
	片江村	3,981	731	17.06	〃
	美保関町	1,995	410	7.73	〃
	森山村	2,093	395	12.27	〃
	本庄村	4,084	775	22.15	〃
	持田村	2,231	381	15.99	〃
	伊野村	1,943	369	9.92	出　雲　市
	大野村	2,322	450	10.15	松　江　市
	秋鹿村	3,089	558	14.34	〃
	古江村	3,628	629	17.93	〃
	佐太村	1,927	357	6.28	〃
	恵曇村	3,617	677	5.42	〃
	竹矢村	2,534	458	6.28	〃
	出雲郷村	2,197	400	10.21	松江市（東出雲町）
	揖屋町	3,472	668	7.28	〃
	意東村	2,996	524	13.14	松江市（東出雲町）・安来市
	岩坂村	2,383	429	24.79	松　江　市

区　分	市町村名	人　口	戸　数	面　積（km²）	現在市町村名
八束郡	熊野村	1,752	306	25.28	松　江　市
	大庭村	2,831	496	15.86	〃
	乃木村	3,919	684	6.87	〃
	忌部村	2,016	375	16.99	〃
	玉湯村	4,697	830	25.11	〃
	来待村	3,730	643	24.17	〃
	宍道町	6,024	1,098	19.62	〃
	八束村	5,607	1,107	6.03	〃
能義郡 (2町) (14村)	（郡計）	51,487	9,528	393.52	
	広瀬町	4,753	984	17.79	安　来　市
	飯梨村	2,805	475	16.45	〃
	能義村	2,553	428	11.38	〃
	安来町	9,147	1,912	5.61	〃
	宇賀荘村	2,661	467	13.66	〃
	荒島村	3,280	594	7.17	〃
	赤江村	3,939	645	10.11	〃
	島田村	2,588	455	12.14	〃
	大塚村	2,730	485	20.90	〃
	安田村	1,625	326	13.98	〃
	母里村	2,112	363	13.22	〃
	井尻村	2,054	395	31.02	〃
	赤屋村	2,058	399	36.84	〃
	比田村	3,043	520	55.00	〃
	布部村	3,013	530	58.07	〃
	山佐村	3,126	550	70.18	〃
仁多郡 (2町) (8村)	（郡計）	27,628	5,051	382.13	
	布勢村	2,677	494	22.09	奥 出 雲 町
	三成町	3,094	599	31.22	〃
	亀嵩村	2,672	473	33.04	〃
	鳥上村	2,042	370	39.52	〃
	横田町	4,339	781	32.73	〃

区　　分	市町村名	人　口	戸　数	面積 (km²)	現在市町村名
仁多郡	八川村（やかわむら）	2,938	542	60.50	奥　出　雲　町
	馬木村（まきむら）	2,838	492	56.28	〃
	阿井村（あいむら）	3,504	649	68.10	〃
	三沢村（みざわむら）	1,678	302	20.05	〃
	温泉村（おんせんむら）	1,846	349	18.60	雲　南　市
	（郡計）	37,736	6,968	223.73	
大原郡 (3町) (7村)	大東町（だいとうまち）	4,772	952	14.70	雲　南　市
	春殖村（はるえむら）	2,425	418	12.03	〃
	幡屋村（はたやむら）	2,582	436	13.61	〃
	佐世村（させむら）	2,576	444	14.74	〃
	阿用村（あようむら）	3,216	578	40.14	〃
	海潮村（うしおむら）	4,149	729	56.95	〃
	加茂町（かもまち）	7,693	1,395	30.71	〃
	斐伊村（ひいむら）	1,435	265	6.10	〃
	木次町（きすきちょう）	4,355	898	1.47	〃
	日登村（ひのぼりむら）	4,533	853	33.28	〃
	（郡計）	38,432	7,572	594.43	
飯石郡 (2町) (14村)	三刀屋町（みとやまち）	5,600	1,080	24.47	雲　南　市
	鍋山村（なべやまむら）	2,566	489	23.87	〃
	飯石村（いいしむら）	2,051	377	15.43	〃
	中野村（なかのむら）	1,750	318	22.97	〃
	田井村（たいむら）	1,467	266	42.21	〃
	吉田村（よしだむら）	3,021	555	77.68	〃
	掛合村（かけやむら）	2,318	517	20.31	〃
	多根村（たねむら）	1,111	206	12.76	〃
	松笠村（まつかさむら）	794	142	18.90	〃
	東須佐村（ひがしすさむら）	1,799	373	30.61	出　雲　市
	西須佐村（にしすさむら）	2,110	443	28.50	〃
	波多村（はたむら）	2,199	460	57.87	雲　南　市
	志々村（ししむら）	1,981	421	59.55	飯　南　町
	頓原村（とんばらむら）	3,518	695	64.96	〃

区　分	市町村名	人　口	戸　数	面　積（㎢）	現在市町村名
飯石郡	来島村	3,309	648	68.19	飯　南　町
	赤名町	2,838	582	26.15	〃
	（郡計）	115,435	22,831	492.78	
簸川郡 （2町） （34村）	荘原村	5,696	1,054	20.56	出雲市（斐川町）
	出西村	3,815	644	19.85	〃
	伊波野村	2,650	483	7.04	〃
	直江村	2,706	566	5.08	〃
	久木村	2,622	466	6.78	〃
	出東村	5,316	968	14.05	〃
	灘分村	3,200	561	8.36	出　雲　市
	国富村	2,624	482	10.80	〃
	鰐淵村	1,798	367	20.79	〃
	西田村	2,071	379	15.07	〃
	久多美村	2,400	426	12.67	〃
	檜山村	1,646	299	9.32	〃
	東村	3,254	577	15.47	〃
	平田町	8,824	1,874	5.80	〃
	北浜村	2,248	472	9.45	〃
	佐香村	2,805	585	9.66	〃
	窪田村	1,464	314	14.57	〃
	山口村	2,080	418	46.57	大田市・出雲市
	乙立村	2,389	475	27.11	出　雲　市
	田儀村	2,148	472	26.40	〃
	田岐村	2,375	516	20.61	〃
	久村	1,508	326	6.73	〃
	江南村	2,933	568	15.63	〃
	西浜村	5,014	1,093	6.22	〃
	神西村	3,422	658	11.54	〃
	神門村	4,519	879	13.20	〃
	園村	3,715	731	7.53	〃
	荒木村	4,547	888	6.77	〃

区　分	市町村名	人　口	戸　数	面　積 (km²)	現在市町村名
簸川郡	大社町（たいしゃまち）	10,608	2,379	6.80	出　雲　市
	日御碕村（ひのみさきむら）	1,532	307	8.78	〃
	鵜鷺村（うさぎむら）	1,571	365	11.87	〃
	遙堪村（ようかんむら）	2,264	426	7.75	〃
	朝山村（あさやまむら）	3,045	588	26.78	〃
	稗原村（ひえばらむら）	2,833	562	21.41	〃
	上津村（かみつむら）	2,072	327	13.47	〃
	荒茅村（あらかやむら）	1,721	336	2.29	〃
	（郡　計）	32,266	6,972	200.85	
安濃郡（あんのうぐん）（2町）（7村）	大田町（おおだまち）	7,299	1,641	21.85	大　田　市
	長久村（ながひさむら）	2,321	457	7.89	〃
	鳥井村（とりいむら）	2,583	538	5.31	〃
	久手町（くてまち）	6,063	1,378	14.50	〃
	波根東村（はねひがしむら）	2,632	596	8.48	〃
	川合村（かわいむら）	3,647	777	34.50	〃
	朝山村（あさやまむら）	1,265	261	9.66	〃
	富山村（とみやまむら）	2,021	408	31.01	大田市・出雲市
	佐比売村（さひめむら）	4,435	916	67.65	大　田　市
	（郡　計）	39,639	9,005	216.01	
邇摩郡（にまぐん）（3町）（15村）	大森町（おおもりまち）	1,829	484	10.87	大　田　市
	水上村（みなかみむら）	1,393	308	18.51	〃
	井田村（いだむら）	2,775	645	25.00	〃
	大家村（おおえむら）	1,249	480	19.16	大田市・川本町
	八代村（やしろむら）	893			〃 ・ 〃
	波積村（はづみむら）	1,712	359	18.47	江津市・大田市
	福浦村（ふくうらむら）	1,323	311	2.06	大　田　市
	福光村（ふくみつむら）	2,096	513	9.99	〃
	温泉津町（ゆのつまち）	4,845	1,121	15.44	〃
	湯里村（ゆざとむら）	2,786	592	18.72	〃
	馬路村（まじむら）	2,398	609	4.40	〃
	大国村（おおぐにむら）	2,100	463	19.34	〃

区　分	市町村名	人　口	戸　数	面　積 (km²)	現在市町村名
邇摩郡	仁万町	3,222	706	3.99	大　田　市
	宅野村	1,792	405	3.77	〃
	五十猛村	2,785	595	9.16	〃
	静間村	2,838	660	6.59	〃
	大屋村	1,246	246	11.04	〃
	久利村	2,357	508	19.50	〃
邑智郡 （1町） （29村）	（郡計）	65,395	13,963	994.58	
	川本町	4,623	1,013	40.73	川　本　町
	吾郷村	2,551	549	34.74	美　郷　町
	粕淵村	2,417	533	32.87	〃
	浜原村	1,965	420	26.00	〃
	沢谷村	2,002	401	39.26	〃
	谷村	919	195	23.96	飯　南　町
	都賀行村	1,757	346	61.83	美　郷　町
	都賀村	2,049	435	25.96	〃
	口羽村	3,168	657	27.21	邑　南　町
	阿須那村	3,343	696	46.96	〃
	布施村	1,833	367	32.34	美郷町・邑南町
	高原村	2,375	508	46.26	邑　南　町
	出羽村	1,809	397	27.79	〃
	田所村	3,646	788	84.06	〃
	井原村	1,864	380	21.75	〃
	中野村	2,211	452	23.61	〃
	矢上村	3,330	622	23.84	〃
	市木村	2,575	587	54.30	邑南町・浜田市
	日貫村	1,828	392	38.41	邑　南　町
	長谷村	1,720	384	26.10	江津市・浜田市
	市山村	1,776	381	23.40	江　津　市
	日和村	1,201	258	25.30	邑　南　町
	川戸村	1,712	375	12.97	江　津　市
	谷住郷村	1,712	372	24.78	〃

区　　分	市町村名	人　口	戸　数	面積 (km²)	現在市町村名
邑智郡 （おおちぐん）	川越村（かわごえむら）	2,558	490	29.18	江　津　市
	川下村（かわくだりむら）	2,070	461	28.85	川本町・江津市
	三原村（みはらむら）	1,539	370	17.30	川　本　町
	三谷村（みたにむら）	839	171	11.93	〃
	祖式村（そじきむら）	1,829	395	31.09	大田市・川本町
	君谷村（きみだにむら）	2,474	568	51.80	美　郷　町
那賀郡 （なかぐん） (3町) (24村)	（郡計）	77,816	17,476	695.56	
	国府村（こくふむら）	7,129	1,512	21.35	浜　田　市
	川波村（かわなみむら）	3,426	788	10.83	江　津　市
	二宮村（にのみやむら）	1,989	421	10.14	〃
	都野津町（つのづまち）	3,239	750	2.87	〃
	江津町（ごうつまち）	11,424	2,831	17.68	〃
	浅利村（あさりむら）	1,696	435	5.77	〃
	都治村（つちむら）	2,842	663	8.51	〃
	黒松村（くろまつむら）	1,484	358	1.82	〃
	松川村（まつかわむら）	2,525	556	29.33	〃
	川平村（かわひらむら）	1,236	256	19.37	〃
	跡市村（あといちむら）	2,150	458	20.51	〃
	有福村（ありふくむら）	2,916	591	20.95	浜田市・江津市
	雲城村（くもぎむら）	2,633	572	33.28	浜　田　市
	今福村（いまふくむら）	3,930	857	64.44	〃
	木田村（きだむら）	887	189	7.53	〃
	和田村（わだむら）	1,692	372	22.14	〃
	都川村（つがわむら）	1,916	384	43.86	〃
	今市村（いまいちむら）	1,922	445	29.34	〃
	波佐村（はざむら）	2,153	483	78.92	〃
	安城村（やすぎむら）	2,819	621	77.60	〃
	杵束村（きつかむら）	1,986	475	28.11	〃
	黒沢村（くろさわむら）	1,589	357	27.32	〃
	岡見村（おかみむら）	2,214	480	13.08	〃
	三保村（みほむら）	3,281	749	6.60	〃

区　分	市町村名	人　口	戸　数	面　積 (km²)	現在市町村名
那賀郡	三　隅　町	3,408	767	33.50	浜　田　市
	井　野　村	3,761	765	43.41	〃
	大　麻　村	1,569	341	17.30	〃
美濃郡 （1町） （18村）	（郡　計）	62,676	13,194	734.49	
	益　田　町	21,043	4,398	33.09	益　田　市
	安　田　村	2,835	567	9.39	〃
	北仙道村	1,438	283	15.47	〃
	豊　川　村	1,733	365	30.00	〃
	豊　田　村	3,682	737	24.49	〃
	高　城　村	2,919	561	37.16	〃
	小　野　村	3,264	641	20.32	〃
	中　西　村	3,178	616	27.83	〃
	鎌　手　村	3,875	772	14.29	〃
	種　　　村	1,251	248	18.48	〃
	東仙道村	1,988	452	26.18	〃
	都　茂　村	3,378	783	66.23	〃
	二　川　村	1,231	289	40.36	〃
	道　川　村	984	204	80.93	〃
	匹見上村	2,819	677	131.09	〃
	匹見下村	2,215	492	89.43	〃
	真　砂　村	1,671	402	29.62	〃
	二　條　村	2,148	474	22.34	〃
	美　濃　村	1,024	233	17.19	〃
鹿足郡 （2町） （9村）	（郡　計）	34,143	7,293	644.24	
	津和野町	6,453	1,512	11.08	津　和　野　町
	畑迫村	2,278	454	47.90	〃
	木　部　村	2,453	487	38.50	〃
	青　原　村	1,919	379	34.73	〃
	日　原　町	6,474	1,249	124.51	〃
	小　川　村	1,973	375	51.34	〃
	柿　木　村	3,250	697	137.55	吉　賀　町

区　　　分	市町村名	人　口	戸　数	面積（㎢）	現在市町村名
鹿足郡	七日市村（なぬかいちむら）	2,442	557	63.26	吉　賀　町
	朝倉村（あさくらむら）	1,801	406	51.35	〃
	六日市村（むいかいちむら）	3,421	789	45.19	〃
	蔵木村（くらぎむら）	1,679	388	38.83	〃
周吉郡（すきぐん） （1町） （5村）	（郡計）	17,122	3,705	141.59	
	西郷町（さいごうまち）	6,220	1,448	7.15	隠岐の島町
	東郷村（とうごうむら）	2,299	463	24.16	〃
	布施村（ふせむら）	1,044	249	18.49	〃
	中村（なかむら）	2,128	459	31.20	〃
	中條村（なかすじむら）	2,833	572	39.53	〃
	磯村（いそむら）	2,598	514	21.06	〃
穏地郡（おちぐん） （2村）	（郡計）	7,700	1,601	101.95	
	五箇村（ごかむら）	3,659	785	51.86	隠岐の島町
	都万村（つまむら）	4,041	816	50.09	〃
海士郡（あまぐん） （1村）	（郡計）	6,219	1,379	33.93	
	海士村（あまむら）	6,219	1,379	33.93	海　士　町
知夫郡（ちぶぐん） （1町） （2村）	（郡計）	9,039	2,123	70.56	
	黒木村（くろきむら）	3,691	899	39.82	西　ノ　島　町
	浦郷町（うらごうまち）	3,164	679	16.85	〃
	知夫村（ちぶむら）	2,184	545	13.89	知　夫　村
郡　計	28町218村	712,777	145,184	6,345.44	
県　計	3市28町218村	848,995	173,732	6,625.47	

・人口及び戸数は、昭和21年4月26日現在で実施の昭和21年人口調査による。
・面積は、総務省統計局の調査による。
　（県計は、宍道湖82.32㎢を含み、中海及び五箇村竹島を除く。）

5．地方自治法施行後の市町村合併等の状況

（昭和22年5月3日～昭和62年2月1日）

年　月　日	合併等市町村名	関　係　市　町　村　名	合体編入等の別
22・8・1	三　原　村	八代村の一部（大字北佐木）	境　界　変　更
11・3	六日市町	六日市村	町　　　制
11・15	大　代　村	大家村・八代村	合　　　体
12・28	恵　曇　町	恵曇村	町　　　制
〃	矢　上　町	矢上村	〃
〃	粕　淵　町	粕淵村	〃
23・6・15	荒　島　村	意東村の一部（大字下意東字下日白・渡）	境　界　変　更
9・1	窪　田　村	山口村の一部（大字佐津目・下橋波・上橋波・吉野・高津屋）	〃
10・10	松　江　市	法吉村	編　　　入
24・4・29	頓　原　町	頓原村	町　　　制
25・4・1	川　越　村	川下村の一部（字坂本）	境　界　変　更
5・3	朝　山　村	乙立村の一部（大字乙立）	分　割　編　入
〃	窪　田　村	乙立村の一部（大字東村・八幡原）	〃
9・21	松　江　市	竹矢村・乃木村	編　　　入
11・3	長　浜　村	園村・荒茅村	合　　　体
12・20	岐　久　村	田岐村・久村・窪田村の一部（大字毛津の一部）	〃
26・1・1	杵　束　村	安城村の一部（大字大坪及び程原の一部）	境　界　変　更
4・1	掛　合　村	掛合村・多根村・松笠村	合　　　体
〃	江　東　村	都治村・黒松村・波積村	〃
〃	松　江　市	忌部村・大庭村の一部（大字大庭・佐草・大草・山代）	編　　　入
〃	八　雲　村	岩坂村・熊野村・大庭村の一部（大字平原）	合　　　体
〃	福　波　村	福光村・福浦村	〃
〃	湖　陵　村	西浜村・江南村	〃
〃	安　来　町	安来町・能義村・宇賀荘村	〃
〃	大　社　町	大社町・荒木村・日御崎村・鵜鷺村・遙堪村	〃
〃	平　田　町	平田町・灘分村・国富村・鰐淵村・西田村・久多美村・東村・檜山村	〃
〃	大　森　町	大森町・水上村	〃
〃	木　次　町	木次町・斐伊村	〃
〃	大　東　町	大東町・春殖村・幡屋村・阿用村・佐世村	〃

年月日	合併等市町村名	関係市町村名	合体編入等の別
26・4・1	匹見上村	匹見下村の一部（大字落合及び広瀬の一部）	境界変更
〃	国府町	国府村	町制
8・1	掛合町	掛合村	〃
27・4・1	福波村	江東村の一部（大字波積北の一部）	境界変更
8・1	益田市	益田町・安田村・北仙道村・豊川村・豊田村・高城村・小野村・中西村	合体・市制
11・3	伯太村	安田村・母里村・井尻村	合体
28・4・1	赤名町	赤名町・谷村	〃
〃	松江市	生馬村・持田村	編入
11・10	須佐村	東須佐村・西須佐村	合体
12・1	八川村	広島県比婆郡八鉾村の一部（大字油木字三井野の一部）	境界変更
〃	[広島県]八幡村	波佐村の一部（大字波佐字滝平の一部）	〃
29・1・1	大田市	大田町・久手町・波根東村・鳥井村・長久村・川合村・久利村・静間村	合体・市制
1・20	三刀屋町	三刀屋町・鍋山村・飯石村・中野村	合体
4・1	安来市	安来町・飯梨村・赤江村・荒島村・島田村・大塚村	合体・市制
〃	江津市	江津町・都野津町・川波村・二宮村・跡市村・浅利村・松川村・川平村・江東村	〃・〃
〃	大田市	佐比売村・朝山村・山口村・富山村の一部（大字山中・才坂・神原の一部）	編入
〃	田儀村	富山村の一部（大字神原の一部）	〃
〃	美都村	東仙道村・都茂村・二川村	合体
〃	日原町	日原町・青原村	〃
〃	温泉津町	温泉津町・福波村・湯里村・井田村	〃
〃	仁摩町	仁万町・宅野村・大国村・馬路村	〃
〃	東出雲町	揖屋町・出雲郷村・意東村	〃
〃	桜江村	川戸村・谷住郷村・市山村・川越村・長谷村	〃
〃	伯太村	赤屋村	編入
7・1	西郷町	西郷町・東郷村・中條村・磯村	合体
10・1	旭村	今市村・木田村・和田村・都川村・桜江村の一部（大字八戸の一部）	〃
〃	江津市	桜江村の一部（大字清見・井沢の一部）	境界変更
11・3	吉田村	吉田村・田井村	合体
12・1	六日市町	六日市町・朝倉村・蔵木村	〃
30・1・1	平田市	平田町・佐香村・北浜村	合体・市制
1・10	広瀬町	広瀬町・比田村・山佐村・安来市の一部（石原町）	合体

年月日	合併等市町村名	関係市町村名	合体編入等の別
30・1・10	津和野町	津和野町・畑迫村・木部村・小川村の一部（大字寺田・耕田・笹山・商人及び直地の一部）	合　　体
〃	日原町	小川村の一部（大字商人及び直地の一部）	分割編入
2・1	邑智町	沢谷村・浜原村・粕淵町・吾郷村・君谷村	合　　体
〃	匹見町	匹見上村・匹見下村・道川村	〃
3・3	雲南木次町	温泉村・木次町・日登村	〃
3・10	松江市	古江村・本庄村	編　　入
3・22	出雲市	朝山村・稗原村・上津村	〃
3・25	益田市	鎌手村・種村・真砂村・二條村・美濃村	〃
4・1	三隅町	三隅町・三保村・岡見村・黒沢村・井野村の一部（大字井野（字羽原を除く）・室谷・芦谷）・大麻村の一部（大字東平原及び折居の一部）	合　　体
〃	浜田市	井野村の一部（大字井野字羽原）・大麻村の一部（大字西村・折居及び東平原の一部）	分割編入
〃	川本町	川本町・川下村・三原村・三谷村・大代村	合　　体
〃	掛合町	掛合町・波多村	〃
4・3	宍道町	宍道町・来待村	〃
4・13	美保関町	千酌村・片江村・美保関町・森山村	〃
4・15	斐川村	荘原村・出西村・伊波野村・直江村・久木村・出東村	〃
〃	石見町	矢上町・日貫村・日和村・中野村・井原村	〃
〃	国府町	国府町・有福村	〃
〃	仁多町	布勢村・三成町・亀嵩村・阿井村・三沢村	〃
〃	出羽村	田所村・出羽村・高原村	〃
31・1・1	伯太町	伯太村	町　　制
〃	桜江町	桜江村	〃
1・10	島根村	大芦村・加賀村・野波村	合　　体
3・3	鹿島町	講武村・御津村・佐太村・恵曇村	〃
4・1	出雲市	神西村・神門村・長浜村	編　　入
〃	大東町	海潮村	〃
〃	匹見町	匹見村	町　　制
6・10	佐田村	須佐村・窪田村	合　　体
8・1	金城村	雲城村・今福村・波佐村	〃
〃	弥栄村	安城村・杵束村	〃
〃	江津市	国府町の一部（大字本明・上有福）	境界変更

年月日	合併等市町村名	関係市町村名	合体編入等の別
31・9・30	多伎村	田儀村・岐久村	合体
〃	大田市	大森町・五十猛村・大屋村・祖式村の一部（大字祖式）	編入
〃	川本町	祖式村の一部（大字川内・小谷・馬野原）	分割編入
〃	六日市町	七日市村	編入
32・1・1	赤来町	赤名町・来島村	合体
2・1	頓原町	志々村・頓原町	〃
2・11	羽須美村	口羽村・阿須那村	〃
〃	西ノ島町	黒木村・浦郷町	〃
3・10	大和村	都賀行村・都賀村・布施村の一部（大字村之郷・宮内・比敷）	〃
〃	出羽村	布施村の一部（大字布施・八色石）	分割編入
4・1	広瀬町	布部村の一部（大字菅原）	境界変更
〃	美都町	美都村	町制
5・3	木次町	雲南木次町	町名変更
6・1	木次町	三刀屋町の一部（大字上熊谷及び下熊谷の一部）	境界変更
8・1	出羽町	出羽村	町制
〃	瑞穂町	出羽町	名称変更
9・20	斐上町	鳥上村・横田町・八川村・馬木村	合体
12・31	大田市	川本町の一部（大字新屋・大家本郷）	境界変更
33・4・1	石見町	瑞穂町の一部（大字上田所の一部）	〃
6・1	浜田市	金城村の一部（大字佐野・宇津井の一部）	〃
10・20	瑞穂町	市木村の一部（1～964、1,226～2,270、4,486～4,521、4,523～6,241の90、6,241の93～6,735、8,079）	分割編入
〃	旭村	市木村の一部（瑞穂町に編入した区域を除く区域）	〃
11・1	大田市	川本町の一部（大字北佐木の一部）	境界変更
〃	横田町	斐上町	町名変更
11・3	旭町	旭村	町制
34・1・1	玉湯町	玉湯村	〃
4・1	松江市	東出雲町の一部（大字今宮の一部）	境界変更
〃	東出雲町	松江市の一部（大草町及び竹矢町の一部）	〃
35・4・1	平田市	伊野村	編入
8・1	松江市	大野村・秋鹿村	〃
11・1	西郷町	中村	〃

年月日	合併等市町村名	関係市町村名	合体編入等の別
40・4・1	斐川町	斐川村	町制
42・8・1	広瀬町	布部村	編入
44・1・1	海士町	海士村	町制
3・1	浜田市	国府町	編入
4・1	隠岐郡	周吉郡・穏地郡・海士郡・知夫郡	合体
〃	島根町	島根村	町制
11・3	佐田町	佐田村	〃
〃	多伎町	多伎村	〃
〃	湖陵町	湖陵村	〃
〃	金城町	金城村	〃
45・4・1	八束町	八束村	〃
8・1	出雲市	三刀屋町の一部（大字高窪の一部）	境界変更
〃	〃	大社町の一部（大字入南及び遙堪の一部）	〃
〃	大社町	出雲市の一部（八島町の一部）	〃
11・1	五箇村	西郷町の一部（大字伊後の一部）	〃
46・4・1	出雲市	三刀屋町の一部（大字高窪の一部）	〃
11・1	桜江町	旭町の一部（大字山の内の一部）	〃
〃	旭町	桜江町の一部（大字八戸の一部）	〃
47・2・1	木次町	三刀屋町の一部（大字下熊谷の一部）	〃
〃	三刀屋町	木次町の一部（大字下熊谷の一部）	〃
54・12・24	松江市	鹿島町の一部（大字名分の一部）	〃
〃	鹿島町	松江市の一部（上佐陀町の一部）	〃
57・6・25	瑞穂町	旭町の一部（大字市木の一部）	〃
〃	旭町	瑞穂町の一部（大字市木の一部）	〃
59・2・1	松江市 東出雲町	中海干拓地（揖屋地区）	境界決定

6．昭和62年2月1日現在の市町村名一覧

区　分	市町村名	人　口	世帯数	面　積（km²）
市 （8市）	（市　計）	457,084	138,115	1,531.18
	松　江　市	140,005	45,716	175.28
	浜　田　市	51,071	16,584	163.85
	出　雲　市	80,749	22,696	175.44
	益　田　市	54,049	16,392	302.04
	大　田　市	38,242	11,494	333.18
	安　来　市	33,056	8,391	95.15
	江　津　市	28,597	9,356	158.63
	平　田　市	31,315	7,486	127.61
八束郡 （7町） （1村）	（郡　計）	61,021	15,875	279.77
	鹿　島　町	9,782	2,756	30.13
	島　根　町	5,054	1,172	37.69
	美　保　関　町	8,208	2,032	50.13
	東　出　雲　町	11,507	3,129	31.14
	八　雲　村	5,508	1,344	55.41
	玉　湯　町	6,368	1,810	24.93
	宍　道　町	9,987	2,434	44.37
	八　束　町	4,607	1,198	5.97
能義郡 （2町）	（郡　計）	16,560	4,063	300.24
	広　瀬　町	10,590	2,654	204.56
	伯　太　町	5,970	1,409	95.68
仁多郡 （2町）	（郡　計）	18,706	4,751	366.25
	仁　多　町	9,691	2,430	177.06
	横　田　町	9,015	2,321	189.19
大原郡 （3町）	（郡　計）	34,445	8,307	245.80
	大　東　町	16,665	3,877	152.41
	加　茂　町	6,949	1,578	30.53
	木　次　町	10,831	2,852	62.86

区　　分	市町村名	人　口	世帯数	面　積 (km²)
飯石郡 (4町) (1村)	（郡　計）	24,186	6,474	553.45
	三刀屋町	9,251	2,283	82.81
	吉田村	2,795	726	116.93
	掛合町	4,490	1,257	110.06
	頓原町	3,457	997	124.60
	赤来町	4,193	1,211	119.05
簸川郡 (5町)	（郡　計）	58,465	14,514	299.81
	斐川町	24,592	5,584	72.78
	佐田町	5,316	1,328	108.40
	多伎町	4,543	1,257	54.43
	湖陵町	6,044	1,620	21.90
	大社町	17,970	4,725	42.30
邇摩郡 (2町)	（郡　計）	11,035	3,874	102.38
	温泉津町	5,283	1,949	71.62
	仁摩町	5,752	1,925	30.76
邑智郡 (5町) (2村)	（郡　計）	34,630	11,365	917.62
	川本町	6,123	2,123	106.84
	邑智町	5,861	1,942	184.20
	大和村	2,511	822	99.00
	羽須美村	2,823	1,063	73.91
	瑞穂町	5,691	1,864	207.15
	石見町	7,281	2,083	135.87
	桜江町	4,340	1,468	110.65
那賀郡 (3町) (1村)	（郡　計）	21,458	6,886	527.05
	金城町	5,800	1,735	165.07
	旭町	3,954	1,314	128.76
	弥栄村	2,075	733	105.25
	三隅町	9,629	3,104	127.97
美濃郡 (2町)	（郡　計）	6,031	2,142	434.29
	美都町	3,566	1,211	133.41
	匹見町	2,465	931	300.88

区　　分	市町村名	人　口	世　帯　数	面　積 (km²)
鹿足郡 （３町） （１村）	（郡　計）	22,167	6,923	642.50
	津和野町	7,578	2,456	139.44
	日　原　町	5,424	1,598	167.72
	柿　木　村	2,243	647	137.37
	六日市町	6,922	2,222	197.97
隠岐郡 （３町） （４村）	（郡　計）	28,841	9,872	348.42
	西　郷　町	14,623	4,829	123.42
	布　施　村	575	233	18.65
	五　箇　村	2,298	770	51.98
	都　万　村	2,179	739	50.35
	海　士　町	3,339	1,168	33.49
	西ノ島町	4,886	1,711	56.87
	知　夫　村	941	422	13.66
郡　　計	41町10村	337,545	95,046	5,017.58
県　　計	8市41町10村	794,629	233,161	6,628.42

・人口及び世帯数は、昭和60年国勢調査による。
・面積は、昭和60年全国都道府県市町村別面積（国土交通省国土地理院）による。
　（県計は、宍道湖79.66km²及び五箇村竹島0.23km²を含み、中海を除く。）

7．平成の市町村合併等の状況

（昭和62年2月1日～平成18年3月31日）

年 月 日	合併等市町村名	関 係 市 町 村 名	合体編入等の別
昭63・3・24	大 田 市	仁摩町の一部（大字宅野町の一部）	境 界 変 更
〃	仁 摩 町	大田市の一部（五十猛町の一部）	〃
平 3・12・6	出 雲 市	湖陵町の一部（大字三部の一部）	〃
〃	湖 陵 町	出雲市の一部（西神西町の一部）	〃
4・5・25	松 江 市 安 来 市 美 保 関 町 東 出 雲 町 八 束 町	中海	境 界 決 定
9・4	旭 町	瑞穂町の一部（大字市木の一部）	境 界 変 更
6・1・14	出 雲 市	湖陵町の一部（大字三部の一部）	〃
〃	湖 陵 町	出雲市の一部（西神西町の一部）	〃
8・9・19	松 江 市 平 田 市 玉 湯 町 宍 道 町 斐 川 町	宍道湖	境 界 決 定
9・12・16	大 東 町	加茂町の一部（大字立原の一部）	境 界 変 更
〃	加 茂 町	大東町の一部（大字前原の一部）	〃
15・1・31	宍 道 町	斐川町の一部（大字学頭の一部）	〃
〃	斐 川 町	宍道町の一部（大字伊志見及び佐々布の一部）	〃
16・10・1	安 来 市	安来市・広瀬町・伯太町（能義郡消滅）	合 体
〃	江 津 市	桜江町	編 入
〃	美 郷 町	邑智町・大和村	合 体
〃	邑 南 町	羽須美村・瑞穂町・石見町	〃
〃	隠岐の島町	西郷町・布施村・五箇村・都万村	〃
〃	益 田 市	美都町・匹見町（美濃郡消滅）	編 入
11・1	雲 南 市	大東町・加茂町・木次町・三刀屋町・吉田村・掛合町（大原郡消滅）	合 体
17・1・1	飯 南 町	頓原町・赤来町	合 体

年月日	合併等市町村名	関係市町村名	合体編入等の別
平17・3・22	出雲市	出雲市・平田市・佐田町・多伎町・湖陵町・大社町	合体
3・31	松江市	松江市・鹿島町・島根町・美保関町・八雲村・玉湯町・宍道町・八束町	〃
〃	奥出雲町	仁多町・横田町	〃
9・25	津和野町	津和野町・日原町	〃
10・1	浜田市	浜田市・金城町・旭町・弥栄村・三隅町（那賀郡消滅）	〃
〃	大田市	大田市・温泉津町・仁摩町（邇摩郡消滅）	〃
〃	吉賀町	柿木村・六日市町	〃

8．平成の市町村合併等の状況（平成23年度）

（平成18年4月1日～平成23年10月1日）

年　月　日	合併等市町村名	関　係　市　町　村　名	合体編入等の別
平23・8・1	松　江　市	松江市・東出雲町（八束郡消滅）	編　　入
23・10・1	出　雲　市	出雲市・斐川町（簸川郡消滅）	編　　入

9．平成23年10月1日現在の市町村名一覧

区　分	市町村名	人　口	世帯数	面　積（km²）
（8市）	松江市	208,613	81,166	572.99
	浜田市	61,713	24,972	689.60
	出雲市	171,485	55,952	624.12
	益田市	50,015	19,243	733.24
	大田市	37,996	14,312	436.12
	安来市	41,836	12,820	420.97
	江津市	25,697	10,320	268.51
	雲南市	41,917	12,905	553.37
市　計	8市	639,272	231,690	4,298.92
仁多郡	奥出雲町	14,456	4,713	368.06
飯石郡	飯南町	5,534	1,944	242.84
邑智郡	川本町	3,900	1,666	106.39
	美郷町	5,351	2,157	282.92
	邑南町	11,959	4,510	419.22
鹿足郡	津和野町	8,427	3,411	307.09
	吉賀町	6,810	2,805	336.29
隠岐郡	海士町	2,374	1,052	33.52
	西ノ島町	3,136	1,477	56.05
	知夫村	657	326	13.70
	隠岐の島町	15,521	6,468	242.95
町村計	11町村	78,125	30,529	2,409.03
県　計	8市10町1村	717,397	262,219	6,707.95

・人口及び世帯数は、平成22年国勢調査確定値による。
　松江市は東出雲町を、出雲市は斐川町を合算したものである。
・面積は、平成22年全国都道府県市町村別面積（国土交通省国土地理院）による。
　（県計は、隠岐の島町竹島0.21km²を含む。）

10. 平成29年4月1日現在の市町村名一覧

区　　分	市町村名	人　口	世　帯　数	面　積 (km²)
（8市）	松江市	206,230	83,031	572.99
	浜田市	58,105	24,498	690.66
	出雲市	171,938	60,130	624.36
	益田市	47,718	19,037	733.19
	大田市	35,166	13,613	435.71
	安来市	39,528	12,805	420.93
	江津市	24,468	10,123	268.24
	雲南市	39,032	12,527	553.18
市　計	8市	622,185	235,764	4,299.26
仁多郡	奥出雲町	13,063	4,464	368.01
飯石郡	飯南町	5,031	1,842	242.88
邑智郡	川本町	3,442	1,457	106.43
	美郷町	4,900	2,010	282.92
	邑南町	11,101	4,224	419.29
鹿足郡	津和野町	7,653	3,300	307.03
	吉賀町	6,374	2,810	336.50
隠岐郡	海士町	2,353	1,057	33.43
	西ノ島町	3,027	1,499	55.96
	知夫村	615	331	13.70
	隠岐の島町	14,608	6,250	242.83
町村計	11町村	72,167	29,244	2,408.98
県　計	8市10町1村	694,352	265,008	6,708.24

・人口及び世帯数は、平成27年国勢調査確定値による。
・面積は、平成27年全国都道府県市町村別面積（国土交通省国土地理院）による。
　（県計は、隠岐の島町竹島0.20km²を含む。）

Ⅲ 市町村数の変遷

現在日	市	町	村	計	備考
明治22. 4. 1	1	8	269	278	市制町村制施行（隠岐島を除く）
〃		(3)	(50)	(53)	隠岐島
25. 4. 1	1	9	270	280	隠岐島を除く
30. 4. 1	1	9	271	281	
35. 4. 1	1	9	271	281	
37. 4. 1	1	14	277	292	隠岐島町村制施行（1町11村に統合）
40. 4. 1	1	14	276	291	
45. 4. 1	1	14	273	288	
大正 5. 4. 1	1	15	272	288	
10. 4. 1	1	15	271	287	
15. 4. 1	1	18	263	282	
昭和 5. 4. 1	1	23	255	279	
10. 4. 1	1	26	246	273	
15. 4. 1	1	28	239	268	
20. 4. 1	3	26	220	249	
22. 5. 3	3	28	218	249	地方自治法施行
23. 4. 1	3	32	213	248	
24. 4. 1	3	32	212	247	
25. 4. 1	3	33	211	247	
26. 4. 1	3	34	177	214	
27. 4. 1	3	35	176	214	
28. 4. 1	4	34	164	202	
28.10. 1	4	34	164	202	町村合併促進法施行
29. 4. 1	7	29	122	158	
30. 4. 1	8	28	78	114	
31. 4. 1	8	31	46	85	
31.10. 1	8	30	37	75	新市町村建設促進法（関係分）施行
32. 4. 1	8	31	30	69	

現在日	市	町	村	計	備考
昭和33. 4. 1	8	32	26	66	
34. 4. 1	8	34	23	65	
35. 4. 1	8	34	22	64	
36. 4. 1	8	34	19	61	
36. 6.29	8	34	19	61	新市町村建設促進法（関係分）失効
40. 3.29	8	34	19	61	市町村の合併の特例に関する法律施行
40. 4. 1	8	35	18	61	
42. 8. 1	8	35	17	60	
44. 1. 1	8	36	16	60	
44. 3. 1	8	35	16	59	
44. 4. 1	8	36	15	59	
44.11. 3	8	40	11	59	
45. 4. 1	8	41	10	59	
平成11. 7. 8	8	41	10	59	市町村合併特例法の改正を施行
16.10. 1	8	37	5	50	
16.11. 1	9	30	4	43	
17. 1. 1	9	29	4	42	
17. 3.22	8	25	4	37	
17. 3.31	8	18	3	29	「市町村の合併の特例に関する法律」旧 合併特例法が失効
17. 4. 1	8	18	3	29	「市町村の合併の特例等に関する法律」新 合併特例法が施行
17. 9.25	8	17	3	28	
17.10. 1	8	12	1	21	
22. 4. 1	8	12	1	21	新 合併特例法の改正を施行 「市町村の合併の特例に関する法律」に名称変更
23. 8. 1	8	11	1	20	
23.10. 1	8	10	1	19	

Ⅳ 島根県市町村図

1．昭和22年5月3日（地方自治法施行）現在

2．昭和62年2月1日現在

3．平成18年3月31日現在

4．現在の白地図（19市町村）
　　現在の白地図（19市町村：59市町村境有り）

IV 愛知県市町村図

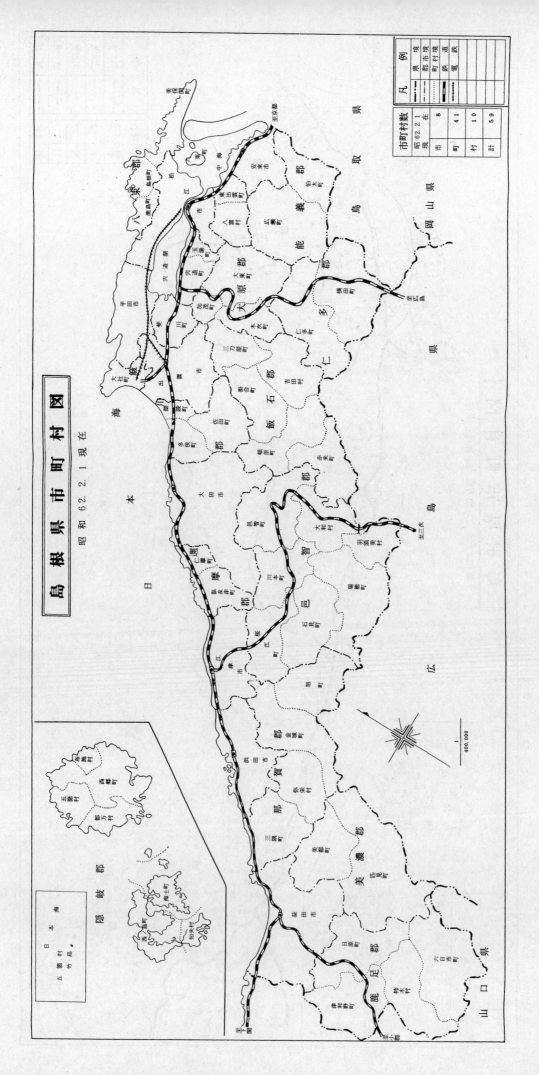

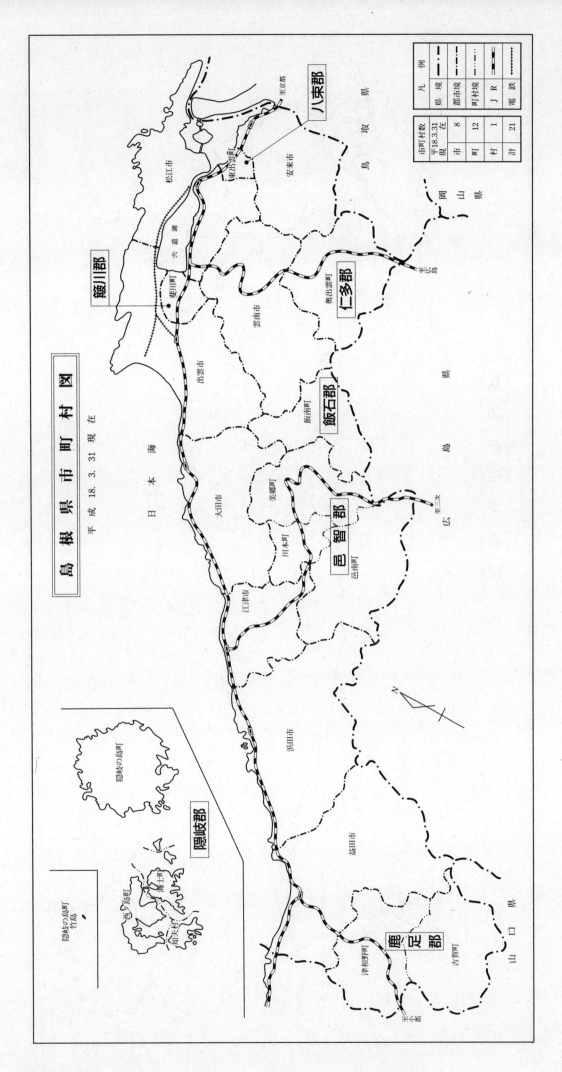

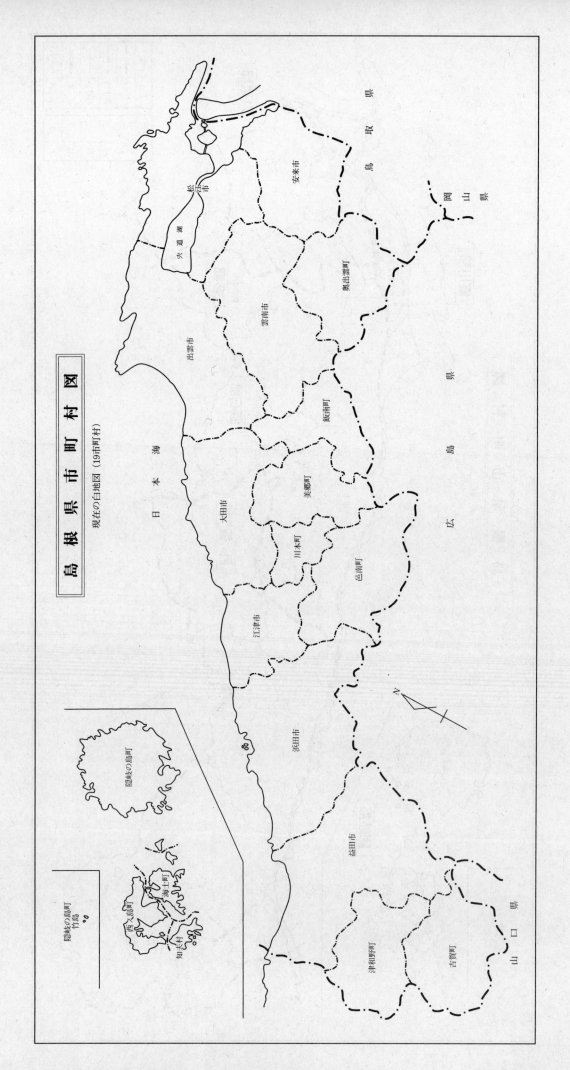

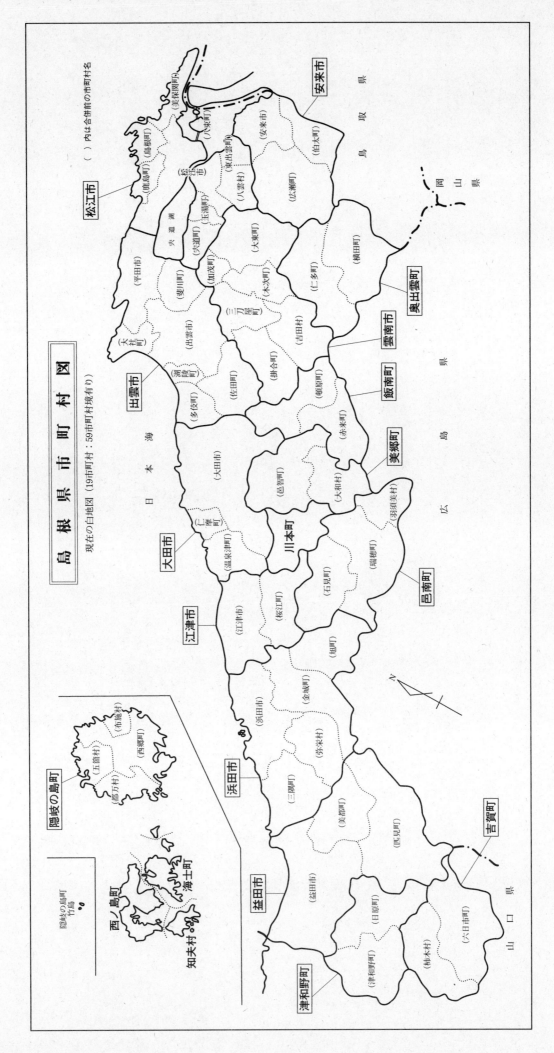

Ⅴ 市町村の概要

郡　　　数　　　　　5郡
市町村数　　　　　8市10町1村

	年　月　日	平成17.10.1	平成22.10.1	平成27.10.1
人口等の状況	人　口（人）	742,223	717,397	694,352
	世帯数（世帯）	260,864	262,219	265,008
	面　積（km²）	6,707.56	6,707.95	6,708.24

1　市　の　部

市　の　数　　　　　8市

	年　月　日	平成17.10.1	平成22.10.1	平成27.10.1
人口等の状況	人　口（人）	615,043	597,228	622,185
		東出雲町 14,193 斐川町 27,444	東出雲町 14,355 斐川町 27,689	（うち旧東出雲町）15,221 （うち旧斐川町）28,009
	世帯数（世帯）	216,623	218,753	235,764
		東出雲町 4,520 斐川町 7,717	東出雲町 4,709 斐川町 8,228	（うち旧東出雲町）5,275 （うち旧斐川町）8,848
	面　積（km²）	4,175.28	4,175.64	4,299.26
		東出雲町 42.64 斐川町 80.64	東出雲町 42.64 斐川町 80.64	

※八束郡東出雲町は平成23年8月1日付けで松江市に編入、簸川郡斐川町は同年10月1日付けで出雲市に編入。
※郡数・市町村数は、平成27年10月1日現在（平成23年度の市町合併後）による。
※人口及び世帯数は、それぞれ平成17年・平成22年・平成27年国勢調査の確定値による。
※面積は、それぞれ平成17年・平成22年・平成27年全国都道府県市区町村別面積（国土地理院）による。

松江市

市章
「松」の字を公木とくずし、これを図案化するとともに、城址亀田山にちなみ、外郭は亀田、中は松葉を意味している。

市の花　椿、牡丹　（H18.10. 8制定）

市の木　松、桜　（H18.10. 8制定）

市の魚介　しじみ、鯛　（H18.10. 8制定）

人口等の状況	年月日	平成17.10.1	平成22.10.1	平成27.10.1
	人　口（人）	210,796	208,613	206,230
	世帯数（世帯）	78,237	81,166	83,031
	面　積（km²）	572.85	572.99	572.99

〈市名の由来〉

　「松江」という名称は、宝暦～明和頃（1760年前後）に出雲国内各地の事情に通じた松江藩士が著したといわれる「雲陽大数録」によると、「松江ト府名ヲ付ル事、円成寺開山春竜和尚ノ作ナリ、唐土ノ松江鱸魚ト、蓴菜ト有ルカ故名産トス、今城府モ其スンコンニ似タレバ、松江ト称」したものといわれる。

〈沿　革〉

　当市域は、奈良時代の行政区画でいう「意宇郡」の西半部、「島根郡」と「秋鹿郡」の全部に属し、北に日本海と島根半島、その内側に宍道湖と中海を抱き、古代から住みやすい地域であった。弥生時代の遺跡では、三重の環壕のある「田和山遺跡（乃白町）」、銅剣と銅鐸が出土した「志谷奥遺跡」、県内最大の古墳「山代二子塚古墳（山代町）」、「出雲玉作遺跡（玉湯町）」や奈良時代の役所「出雲国府跡（大草町）」をはじめとする古代の遺跡も多数残されており、中でも南郊、大庭・竹矢両地区には古代の山陰道に面して出雲国庁をはじめとする役所跡のほか格式高い神社や国分寺や新造院などの寺社も集中してあり、古代出雲の政治・文化の中心地として栄えたところであった。

　一方、奈良時代に編纂された『古事記』や『日本書紀』そして『出雲国風土記』には出雲地方を舞台とした有名な「国ゆずり神話」、「八岐の大蛇神話」、「国引き神話」といわれる"出雲系の神話"が登場しているが、今でも出雲神話ゆかりの神社や神事が各地に残っており、古代の夢とロマンを大いに掻き立てられる。

　中世・戦国時代には尼子氏と毛利氏との争奪戦が展開されたところで、「白鹿城（尼子方）」、「荒隈城（毛利方）」などの山城が多く築かれ、壮絶な合戦が各地で繰り広げられた。

　江戸時代になると、慶長5（1600）年の関ヶ原の合戦で功績のあった堀尾吉晴、忠氏父子が出雲・隠岐両国24万石の太守に任ぜられ、広瀬の富田城に入るが新たな城地を探し、慶長11（1606）～慶長16（1611）年にかけて末次の亀田山に松江城（千鳥城）を建設すると共に周辺の湿地を埋め立てて広大な城下町を造成した。三代の忠晴に嗣子なく堀尾家は断絶した。次に藩主となった京極忠高の時代に斐伊川が宍道湖に流入し、以来松江の城下は度々水害に悩まされることになる。

　寛永15（1638）年、松本城から松平直政が転封され出雲国18万6千石の藩主として入国した。以来松平家藩主は十代続き明治維新を迎えることになる。藩政時代は、六代宗衍と小田切備中による延亨の改革、七代治郷（不昧）と朝日丹波の御立派の2度の改革により、徹底した支出、人員の削減と殖産興業の振興が図られ、鋳鉄物、木綿、朝鮮人参、蝋燭が特産品となり大きな利益を上げ、藩の借金を完済するまでになった。

　明治4年、廃藩置県により松江県となって以来、県庁所在地として重要な役割を担ってきた。明治22年、松江市制が施行され、その直後明治23年に松江尋常中学校の英語教師として赴任したラフカディオ・ハーン（帰化名：小泉八雲）は、日本の古き良き事物や習慣が残っている松江地方を"神国の首都"松江といい、人と町をこよなく愛し、その著作を通じて全世界に松江を紹介した。

　昭和26年、ハーンの業績が高く評価され、松江市は京都、奈良に次いで3番目の「国際文化観光都市」に制定された。

　昭和に入ってから周辺町村を次々と合併したが、平成17年には8市町村（松江市、鹿島町、島根町、美保関町、八束町、八雲村、玉湯町、宍道町）が合併し、平成23年に東出雲町を編入し、今日に至っている。

松 江 市

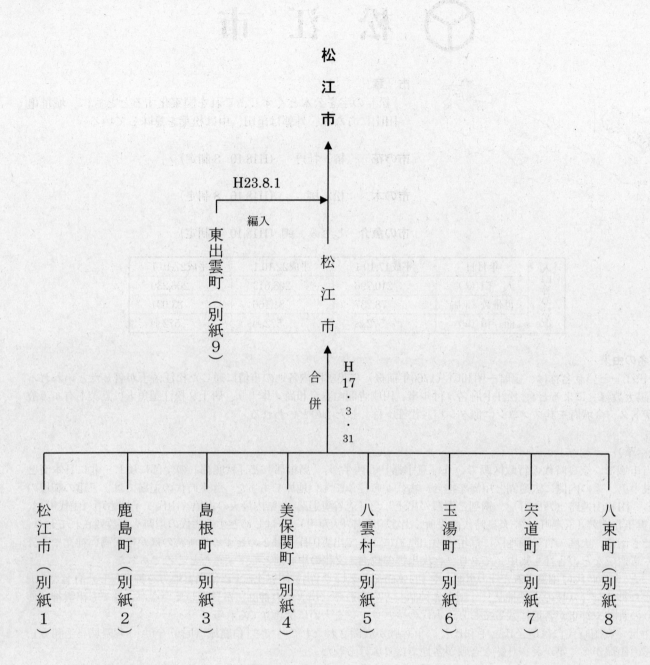

(別紙1)

松江市

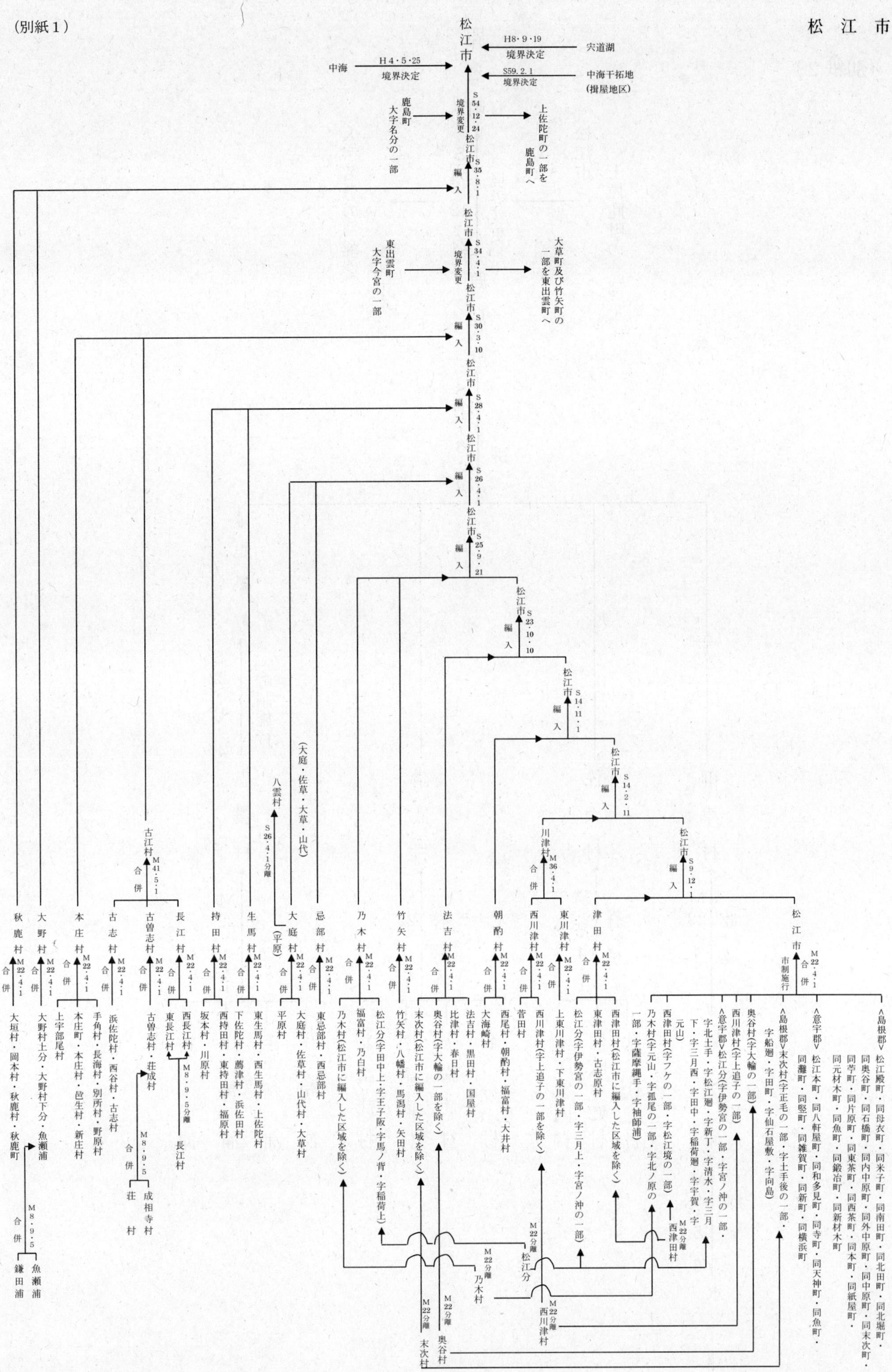

松江市
H8・9・19 境界決定
宍道湖
S59.2.1 境界決定
中海干拓地(揖屋地区)
中海
H4・5・25 境界決定
鹿島町大字名分の一部
S54・12・24 境界変更
上佐陀町の一部を鹿島町へ
松江市
S35・8・1 編入
松江市
S34・4・1 境界変更
東出雲町大字今宮の一部
大草町及び竹矢町の一部を東出雲町へ
松江市
S30・3・10 編入
松江市
S28・4・1 編入
松江市
S26・4・1 編入
松江市
S25・9・21 編入
松江市
S23・10・10 編入
松江市
S14・11・1 編入
松江市
S14・2・11 編入
川津村
M36・4・1 合併
松江市
S9・12・1 編入
古江村
M41・5・1 合併
八雲村
S26・4・1分離
(大庭・佐草・大草・山代)
(平原)
秋鹿村
大野村
本庄村
古志村
古曽志村
長江村
持田村
生馬村
大庭村
忌部村
乃木村
竹矢村
法吉村
朝酌村
西川津村
東川津村
津田村
松江市
M22・4・1 合併
市制施行
大垣村・岡本村・秋鹿村・秋鹿町
大野村上分・大野村下分・魚瀬浦
上宇部尾村
本庄町・本庄村・邑生村・新庄村
手角村・長海村・別所村・野原村
浜佐陀村・西谷村・古志村
古曽志村・荘成村
東長江村
西長江村
M8・9・5分離
長江村
M8・9・5 合併
荘村
成相寺村
坂本村・川原村
西持田村・東持田村・福原村
下佐陀村・鷹津村・浜佐田村
東生馬村・西生馬村・上佐陀村
平原村
大庭村・佐草村・山代村・大草村
東忌部村・西忌部村
乃木村(松江市に編入した区域を除く)
福富村・乃白村
松江分(字田中上・字王子阪・字馬ノ背・字稲荷上)
竹矢村・八幡村・馬潟村・矢田村
末次村(松江市に編入した区域を除く)
奥谷村(字大輪の一部を除く)
比津村・春日村
法吉村・黒田村・国屋村
大海崎村
西尾村・朝酌村・福富村・大井村
菅田村
西川津村(字上追子の一部を除く)
上東川津村・下東川津村
松江分(字伊勢宮の一部・字三月上・字宮ノ沖の一部)
東津田村・古志原村
西津田村(松江市に編入した区域を除く)
乃木村(字元山・字孤尾の一部・字北ノ原の一部・字薩摩縄手・字神師浦)
西津田村(字フケの一部・字松江境の一部)
元山)
下・字三月西・字田中・字稲荷廻・字宇賀・字
字北土手・字松江廻・字新丁・字清水・字三月
<意宇郡>松江分(字伊勢宮の一部・字宮ノ沖の一部・
西川津村(字上追子の一部)
奥谷村(字大輪の一部)
<島根郡>末次村(字正毛の一部・字土手後の一部・
字船廻・字田町・字仙石屋敷・字向島)
<意宇郡>松江本町・同八軒屋町・同和多見町・同寺町・同天神町・同魚町・
同灘町・同竪町・同雑賀町・同新町・同横浜町
同元材木町・同魚町・同鍛冶町・同新材木町
同苧町・同片原町・同東茶町・同西茶町・同本町・同紙屋町・
同奥谷町・同石橋町・同内中原町・同外中原町・同中原町・同末次町・
<島根郡>松江殿町・同母衣町・同米子町・同南田町・同北田町・同北堀町・
M8・9・5 合併
鎌田浦
魚瀬浦
M22分離
西津田村
松江分
乃木村
西川津村
奥谷村
末次村

松江市
（別紙2）

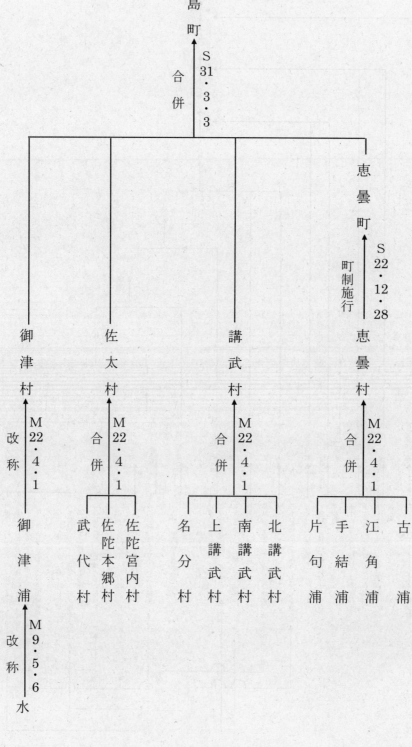

松江市

(別紙3)

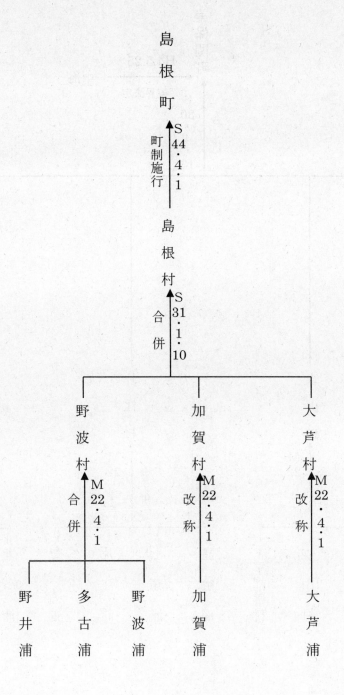

松江市
（別紙4）

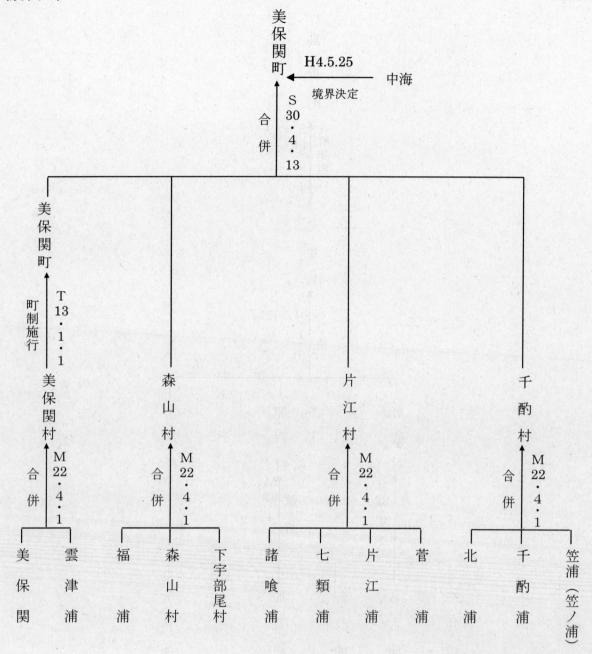

(別紙5)

松江市

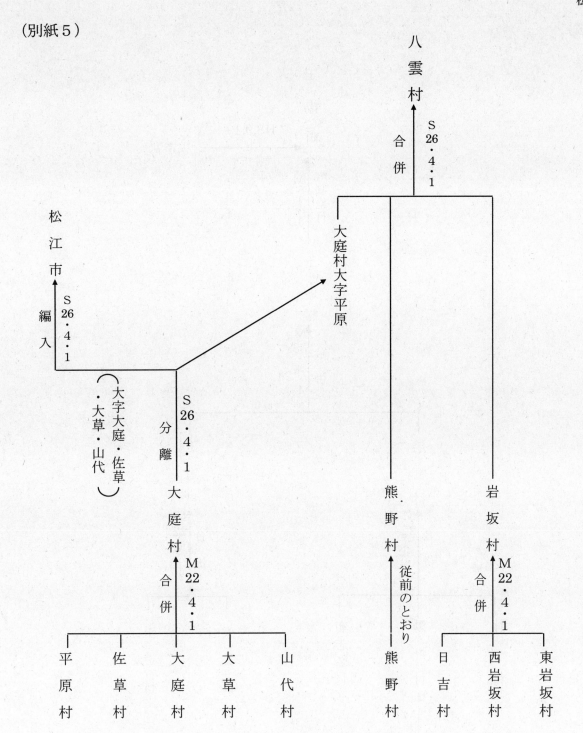

松江市

(別紙6)

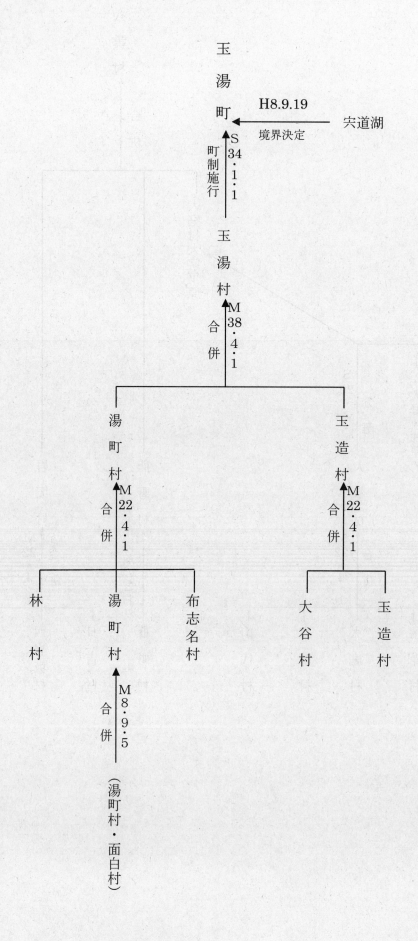

(別紙7)

松江市

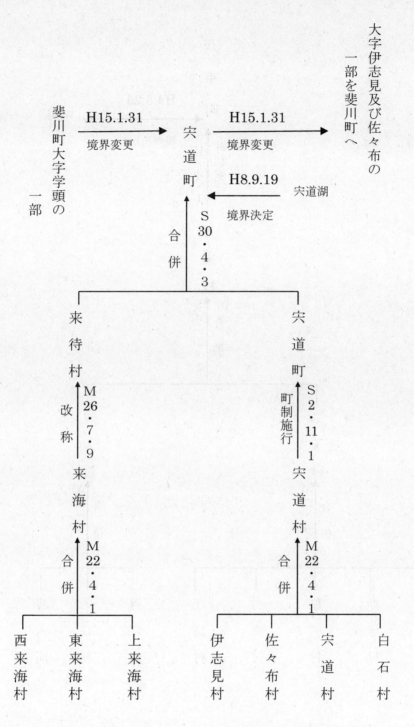

松江市
（別紙8）

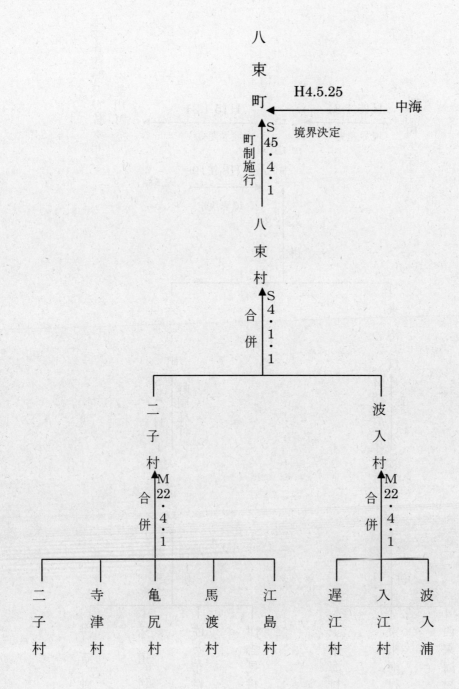

(別紙9)

松江市

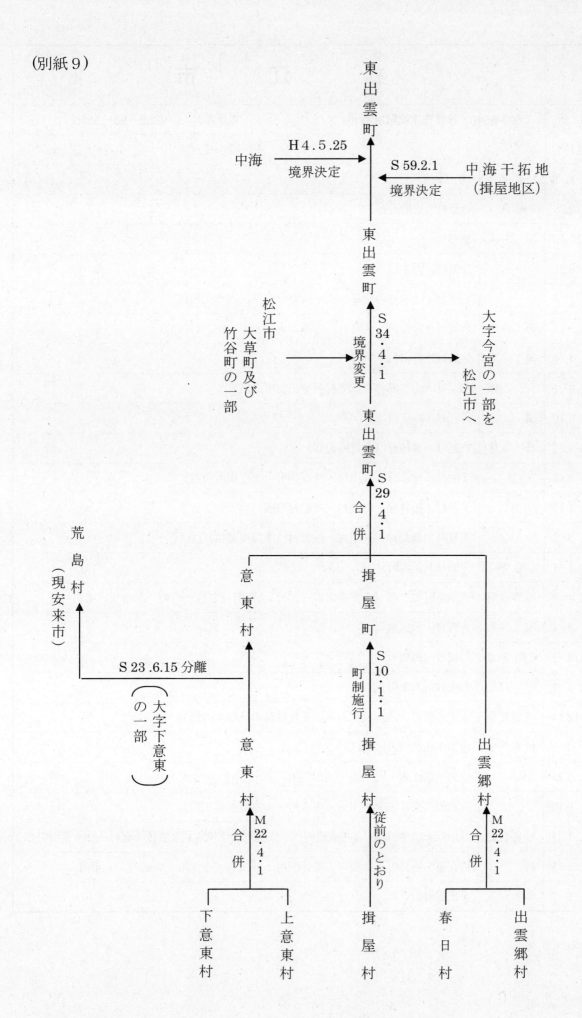

松江市

市町村名		松江市(まつえし)		
市役所の位置		〒690-8540　松江市末次町86番地	電話番号	0852－55－5555
合併等の状況	年月日	合体編入等の別	関係市町村名	
	明22. 4. 1	（市制）	（松江市）	
	昭22.12.28	（町制）	恵曇村（恵曇町）	
	23.10.10	編　入	法吉村	
	25. 9.21	〃	竹矢村・乃木村	
	26. 4. 1	〃	忌部村・大庭村の一部（大字大庭・佐草・大草・山代）	
	〃	合　体	岩坂村・熊野村・大庭村の一部（大字平原）（八雲村設置）	
	28. 4. 1	編　入	生馬村・持田村	
	29. 4. 1	合　体	揖屋町・出雲郷村・意東村（東出雲町設置）	
	30. 3.10	編　入	古江村・本庄村	
	30. 4. 3	合　体	宍道町・来待村（宍道町設置）	
	30. 4.13	〃	千酌村・片江村・森山村・美保関町（美保関町設置）	
	31. 1.10	〃	大芦村・加賀村・野波村（島根村設置）	
	31. 3. 3	〃	恵曇町・講武村・御津村・佐太村（鹿島町設置）	
	34. 1. 1	（町制）	玉湯村（玉湯町）	
	34. 4. 1	境界変更	東出雲町の一部（大字今宮の一部）、大草町及び竹矢町の一部を東出雲町へ	
	35. 8. 1	編　入	大野村・秋鹿村	
	44. 4. 1	（町制）	島根村（島根町）	
	45. 4. 1	〃	八束村（八束町）	
	54.12.24	境界変更	大字名分の一部を松江市へ、上佐陀町の一部を鹿島町へ	
	59. 2. 1	境界決定	中海干拓地（揖屋地区）	
	平 4. 5.25	〃	中海（松江市・安来市・美保関町・東出雲町・八束町）	
	8. 9.19	〃	宍道湖（松江市・平田市・玉湯町・宍道町・斐川町）	
	15. 1.31	境界変更	斐川町大字学頭の一部を宍道町へ、宍道町大字伊志見及び佐々布の一部を斐川町へ	
	17. 3.31	合　体	松江市・鹿島町・島根町・美保関町・八雲村・玉湯町・宍道町・八束町	
	23. 8. 1	編　入	東出雲町	

松江市

町名	字名	旧市町村及び大字名	通称	小字の区域有 全域	小字の区域有 一部	廃止済
殿町		松江市（松江市）	殿	南殿町　北殿町　城山			○
末次本町		〃（〃）	末次本	京店　桶屋町			○
母衣町		〃（〃）	母衣				○
米子町		〃（〃）	米子				○
北田町		〃（〃）	北田	嵩見丁　北田町東　北田町西		○	
南田町		〃（〃）	南田	末広区　南区　中区　西区　東区			○
東本町一丁目		〃（〃）	紙屋　元材木　末次魚　鍛冶　新材木				○
東本町二丁目		〃				○
東本町三丁目		〃				○
東本町四丁目		〃				○
東本町五丁目		〃				○
向島町		〃（〃）	向島		○	
末次町		〃（〃）	末次			○
苧町		〃（〃）	苧			○
片原町		〃（〃）	片原	西片原　東片原		○
西茶町		〃（〃）	西茶	中茶町　西茶町		○
東茶町		〃（〃）	東茶			○
内中原町		〃（〃）	内中原	御出頭町　藪ノ丁　一区　二区　三区　四区　五区		○
外中原町		〃（〃）	外中原	鷹匠町　月照寺丁　中ノ丁　宮ノ丁　後丁　愛宕下　清光院下	○	
中原町		〃（〃）	中原	小片原　百姓町　土手東　土手西	○	
千鳥町		〃（〃）	一	松江しんじ湖温泉		—
北堀町		松江市（〃）	北堀	前丁　中ノ丁　後丁　赤山　新橋　塩見縄手　二区　三区　四区　五区		○
石橋町		〃（〃）	石橋	一丁目　二丁目　三丁目　四丁目　縄手		○
奥谷町		〃（〃）	奥谷	延命院丁　餌指丁　さざえ尻　東区　中区　西区		○
大輪町		法吉村（〃）	〃			○
菅田町		川津村（〃）	菅田		○	

(注) 千鳥町は、宍道湖の埋立てによる町の区域

松江市

町名	字名	旧市町村及び大字名		通称	小字の区域 有 全域	小字の区域 有 一部	廃止済
西川津町（にしかわつちょう）		川津村（松江市）	西川津	市成（いちなり） 大内谷（おおうちだに） 橋本（はしもと） 剣先（けんさき） 鳥飼（とりがい） 深町（ふかまち） 夢ヶ丘団地（ゆめがおか） 嵩見団地（だけみだんち） ひがし嵩見団地（ひがしだけみだんち） 学園台団地（がくえんだいだんち） ニュー学園台団地（がくえんだいだんち） 学園台南団地（がくえんだいみなみだんち）		○	
学園一丁目（がくえんいっちょうめ）		〃（〃）					○
学園二丁目（がくえんにちょうめ）		〃（〃）					○
学園南一丁目（がくえんみなみいっちょうめ）		〃 松江市（〃）	西川津 菅田 北田 向島 東本町五丁目	麦島（むぎしま） 追子（おいこ） 東田町（ひがしたまち）			○
学園南二丁目（がくえんみなみにちょうめ）		〃（〃）		百足橋（むかでばし） 葭島（よしじま）			○
下東川津町（しもひがしかわつちょう）		川津村（〃）	下東川津	納佐（のさ） 中尾（なかお） 祖子分（そしぶ） 北山団地（きたやまだんち）	○		
上東川津町（かみひがしかわつちょう）		〃（〃）	上東川津	紙谷（かみや） 南家（なんげ） 四季ヶ丘（しきがおか） あじさい団地（あじさいだんち）		○	
北陵町（ほくりょうちょう）		持田村 川津村（〃）	西川津 西持田 菅田				○
西尾町（にしおちょう）		朝酌村（〃）	西尾	客土（きゃくど） 郷土（ごうど） 南尾（みなお） 新山（しんやま） 西谷（にしだに） 太陽団地（たいようだんち） 西尾団地（にしおだんち）	○		
朝酌町（あさくみちょう）		〃（〃）	朝酌	矢田（やだ） 一ノ原（いちのはら）		○	
福富町（ふくとみちょう）		〃（〃）	福富			○	
大井町（おおいちょう）		〃（〃）	大井			○	
大海崎町（おおみさきちょう）		〃（〃）	大海崎		○		
法吉町（ほっきちょう）		法吉村（〃）	法吉	法吉（ほっき） 大界（おおざかえ） 久米（くまい） 第二淞北台（だいにしょうほくだい） 東淞北台（ひがししょうほくだい）		○	
うぐいす台（うぐいすだい）		〃（〃）	〃				○
西法吉町（にしほっきちょう）		〃（〃）	〃	法吉団地（ほっきだんち）			○
淞北台（しょうほくだい）		〃（〃）	法吉 奥谷				○
東奥谷町（ひがしおくだにちょう）		〃（〃）	奥谷			○	
春日町（かすがちょう）		〃（〃）	春日	春日旧（かすがきゅう） 春日新（かすがしん） 一区（いっく） 二区（にく） 三区（さんく）	○		
黒田町（くろだちょう）		〃（〃）	黒田	西原（にしばら） 黒田（くろだ）		○	
砂子町（すなごちょう）		〃（〃）	末次	一区（いっく） 二区（にく） 五区（ごく）	○		
堂形町（どうがたちょう）		〃（〃）	国屋	堂形東（どうがたひがし） 堂形西（どうがたにし）		○	

松江市

町名	字名	旧市町村及び大字名		通称	小字の区域		廃止済
					有全域	一部	
国屋町		法吉村（松江市）	国屋末次	国屋上　国屋下　東南平台　新国屋団地 新とねり団地		○	
南平台		〃（〃）	国屋	南平台　南平台2区　南平台3区			○
比津町		〃（〃）	比津			○	
比津が丘一丁目		〃（〃）	比津法吉				○
比津が丘二丁目		〃（〃）					○
比津が丘三丁目		〃（〃）					○
比津が丘四丁目		〃（〃）					○
比津が丘五丁目		〃（〃）		南比津が丘団地			○
浜佐田町		生馬村（〃）	浜佐田	浜佐田上　浜佐田灘　椎ノ木団地		○	
薦津町		〃（〃）	薦津	薦津　客ノ尾住宅　名尾	○		
東生馬町		〃（〃）	東生馬	井原　生馬が丘団地		○	
西生馬町		〃（〃）	西生馬	名尾　西ノ谷　淞苑団地		○	
下佐陀町		〃（〃）	下佐陀	下佐陀上　下佐陀下		○	
上佐陀町		〃（〃）	上佐陀			○	
西持田町		持田村（〃）	西持田	和田　亀尾　日吉　小倉　竹崎 竹崎団地　祖母畑		○	
東持田町		〃（〃）	東持田	納蔵　石野　太田　以後後久 平成ニュータウン		○	
坂本町		〃（〃）	坂本	坂本上　坂本中　坂本下		○	
福原町		〃（〃）	福原			○	
川原町		〃（〃）	川原			○	
西浜佐陀町		古江村（〃）	浜佐陀	寺津　平松　中口　東口　浜佐陀団地 湖北団地　蔵京団地		○	
古志町		〃（〃）	古志	野間　峯垣　小畑　中古志　下古志		○	
西谷町		〃（〃）	西谷	牛切　上組　下西　下東		○	
荘成町		〃（〃）	荘成	成相寺　荘	○		
古曽志町		〃（〃）	古曽志	大塚　上組　下組　奥組 新古曽志団地　朝日ヶ丘団地		○	
打出町		〃					－

(注) 打出町は、宍道湖の埋立てによる町の区域

松江市

町名	字名	旧市町村及び大字名		通称	小字の区域 有 全域	小字の区域 有 一部	廃止済
東長江町 (ひがしながえちょう)		古江村（松江市）	東長江	灘西　灘東　中組　舞木		○	
西長江町 (にしながえちょう)		（〃）	西長江	灘組　坂本　中組　広垣　奥組　上組		○	
上宇部尾町 (かみうべおちょう)		本庄村（〃）	上宇部尾		○		
新庄町 (しんじょうちょう)		（〃）	新庄	新庄　原		○	
上本庄町 (かみほんじょうちょう)		（〃）	本庄村	川部　山崎　木並　山本　大南		○	
本庄町 (ほんじょうちょう)		（〃）	本庄	田中丁　北丁　南丁	○		
邑生町 (おうちょう)		（〃）	邑生	邑生灘		○	
野原町 (のばらちょう)		（〃）	野原			○	
枕木町 (まくらぎちょう)		（〃）	別所	別所		○	
長海町 (ながみちょう)		（〃）	長海	灘		○	
手角町 (たすみちょう)		（〃）	手角			○	
秋鹿町 (あいかちょう)		秋鹿村（〃）	秋鹿	井神　本谷　中組　山中　六坊　芦尾　町	○		
岡本町 (おかもとちょう)		（〃）	岡本	下岡　上岡	○		
大垣町 (おおがきちょう)		（〃）	大垣	名原　上寄　布川		○	
大野町 (おおのちょう)		大野村（〃）	大野下分	津乃森　山中　殿山　上根尾　細原		○	
上大野町 (かみおおのちょう)		（〃）	大野上分	中ノ手　土居　東村　西ノ村　中川		○	
魚瀬町 (おのぜちょう)		（〃）	魚瀬	魚瀬　鎌田	○		
八軒屋町 (はちけんやちょう)		松江市（〃）	八軒屋				○
白潟本町 (しらかたほんまち)		（〃）	白潟本				○
魚町 (うおまち)		（〃）	魚				○
灘町 (なだまち)		（〃）	灘				○
天神町 (てんじんまち)		（〃）	天神				○
寺町 (てらまち)		（〃）	寺	南寺町　北寺町　万代町　昭和町　人蔘方			○
和多見町 (わだみちょう)		（〃）	和多見				○
伊勢宮町 (いせみやちょう)		（〃）	伊勢宮			○	
御手船場町 (おてせんばちょう)		（〃）	御手船場			○	
朝日町 (あさひまち)		（〃）	朝日	北区　南口通　中央区　南東区		○	
大正町 (たいしょうまち)		（〃）	大正			○	

— 58 —

松江市

町名	字名	旧市町村及び大字名	通称	小字の区域 有 全域	小字の区域 有 一部	廃止済
東朝日町 ひがしあさひまち		津田村（松江市）	松江分 宮ノ沖 小浜 一区 二区 三区 四区		○	
津田町 つだちょう		松江市（〃）	津田		○	
新雑賀町 しんさいかまち		〃（〃）	新雑賀 新雑賀町東 新雑賀町西			○
雑賀町 さいかまち		〃（〃）	雑賀 雑賀本町 雑賀横浜 津田街道 地行場 相生町 売豆紀丁 田中 床几山		○	
本郷町 ほんごうちょう		〃（〃）	本郷			○
竪町 たてまち		〃（〃）	竪			○
横浜町 よこばまちょう		〃（〃）	横浜			○
新町 しんまち		〃（〃）	新		○	
松尾町 まつおちょう		〃（〃）	松尾		○	
栄町 さかえまち		〃（〃）	栄		○	
幸町 さいわいまち		〃（〃）	幸 幸町 幸北		○	
袖師町 そでしちょう		〃				―
西津田一丁目 にしつだいっちょうめ		津田村（〃）	西津田			○
西津田二丁目 にしつだにちょうめ		〃（〃）	西津田 東津田 浜ノ前			○
西津田三丁目 にしつださんちょうめ		〃（〃）	〃 〃 城ノ前 森脇 岡住宅			○
西津田四丁目 にしつだよんちょうめ		〃（〃）	西津田 城ノ前			○
西津田五丁目 にしつだごちょうめ		〃（〃）	〃 城ノ前 阿弥陀 翠ヶ丘			○
西津田六丁目 にしつだろくちょうめ		〃（〃）	〃 阿弥陀 翠ヶ丘			○
西津田七丁目 にしつだななちょうめ		〃（〃）	〃 美月団地 新組			○
西津田八丁目 にしつだはっちょうめ		〃（〃）	〃 美月団地			○
西津田九丁目 にしつだきゅうちょうめ		〃（〃）	〃 城ノ前 大山代			○
西津田十丁目 にしつだじゅっちょうめ		〃（〃）	西津田 東津田 古志原 城ノ前 明神 つつじヶ丘 ヒルズガーデン西津田			○
東津田町 ひがしつだちょう		〃（〃）	東津田 上谷 東光台 森脇 堂ノ前 ハゼ岡 向口 中央団地 西山団地 淞東台 隅山 喰ヶ谷 高日団地		○	
古志原一丁目 こしばらいっちょうめ		〃（〃）	古志原 東津田			
古志原二丁目 こしばらにちょうめ		〃（〃）	上乃木 西津田 希望ヶ丘			

(注) 袖師町は、宍道湖の埋立てによる町の区域

松 江 市

町 名	字名	旧市町村及び大字名		通 称	小字の区域		
					有		廃止済
					全域	一部	
古志原三丁目 _{こしばらさんちょうめ}		津田村 (松江市)		古志原 _{こしばら} レイクタウン			
古志原四丁目 _{こしばらよんちょうめ}		〃 (〃)	古志原 東津田 上乃木 西津田 山 代 大 庭				○
古志原五丁目 _{こしばらごちょうめ}		津田村 大庭村 (〃)					○
古志原六丁目 _{こしばらろくちょうめ}		津田村 (〃)		東香南台団地 香南団地			○
古志原七丁目 _{こしばらななちょうめ}		〃 (〃)		古志原団地 向山団地 かほりヶ丘団地			○
八雲台一丁目 _{やくもだいいっちょうめ}		乃木村 大庭村 (〃)	乃 木 大 庭				○
八雲台二丁目 _{やくもだいにちょうめ}		〃 〃 (〃)		八雲台旭ヶ丘			○
一の谷町 _{いちのたにちょう}		大庭村 (〃)	大 庭				○
矢田町 _{やだちょう}		竹矢村 (〃)	矢 田	真名井 矢田 中矢田 上矢田		○	
青葉台 _{あおばだい}		〃 (〃)	矢 田 竹 矢				○
竹矢町 _{ちくやちょう}		〃 (〃)	竹 矢	川向 大門 中竹矢 上竹矢 井ノ奥 手間 井出	○		
意宇町 _{いうちょう}		― (〃)	―				―
馬潟町 _{まかたちょう}		竹矢村 (〃)	馬 潟	八幡団地 富士見丘 国分寺団地 馬潟		○	
八幡町 _{やわたちょう}		〃 (〃)	八 幡	浜分 山宮 宮内 灘分		○	
富士見町 _{ふじみちょう}		〃		鉄工団地			―
上乃木一丁目 _{あげのぎいっちょうめ}		乃木村 松江市 (〃)	上乃木 雑 賀 浜乃木 松 尾 西津田				○
上乃木二丁目 _{あげのぎにちょうめ}		乃木村 (〃)					○
上乃木三丁目 _{あげのぎさんちょうめ}		〃 (〃)					○
上乃木四丁目 _{あげのぎよんちょうめ}		〃 (〃)					○
上乃木五丁目 _{あげのぎごちょうめ}		乃木村 松江市 津田村 (〃)					○
上乃木六丁目 _{あげのぎろくちょうめ}		乃木村 (〃)					○
上乃木七丁目 _{あげのぎななちょうめ}		〃 (〃)					○
上乃木八丁目 _{あげのぎはっちょうめ}		〃 (〃)					○
上乃木九丁目 _{あげのぎきゅうちょうめ}		〃 (〃)					○

(注) 意宇町・富士見町は、中海の埋立てによる町の区域

松 江 市

町 名	字名	旧市町村及び大字名	通 称	小字の区域 有 全域	小字の区域 有 一部	廃止済
上乃木十丁目		乃木村（松江市） 上乃木	南学園台団地			○
浜乃木町		〃（〃） 浜乃木			○	
浜乃木一丁目		〃（〃）				○
浜乃木二丁目		〃（〃）	駅前 谷 青木			○
浜乃木三丁目		〃（〃）				○
浜乃木四丁目		〃（〃） 浜乃木 上乃木 乃木福富 乃白	湖南団地			○
浜乃木五丁目		〃（〃）				○
浜乃木六丁目		〃（〃）	八曽利			○
浜乃木七丁目		〃（〃）				○
浜乃木八丁目		〃（〃）				○
嫁島町		〃（〃）				－
西嫁島一丁目		〃（〃）				－
西嫁島二丁目		〃（〃）				－
西嫁島三丁目		〃（〃）				－
乃木福富町		乃木村（〃） 福富	宍道湖ニュータウン みのりが丘 福富団地		○	
田和山町		〃（〃） 乃木福富 浜乃木				○
乃白町		〃（〃） 乃白	田和 田中 乃白シンフォニータウン桜台		○	
平成町		大庭村（〃） 大庭				○
大庭町		〃（〃） 〃	長者原 団原 黒田畦 中ノ島 山崎 向山 小原 北原 神田 深田 大沢 八重垣団地		○	
佐草町		〃（〃） 佐草	南口 大瀬戸 空ノ原 西口 井戸路 時石 高岡 橋端 林原 山口 佐草西	○		
大草町		〃（〃） 大草	有 坪ノ内 中島	○		
山代町		〃（〃） 山代	本郷 後分 井出平 来美 鼻曲 中曽根 宝谷 茶臼山 山代台団地 湖東台団地 瑞穂団地		○	

(注) 嫁島町・西嫁島一丁目・西嫁島二丁目・西嫁島三丁目は、宍道湖の埋立てによる町の区域

松江市

町名	字名	旧市町村及び大字名	通称	小字の区域 有 全域	小字の区域 有 一部	廃止済
東忌部町（ひがしいんべちょう）		忌部村（松江市）	東忌部　千本（せんぼん）　大谷（おおたに）　平口（ひらぐち）　宮内（みやうち）　熊山（くまやま）　大川端（おおかわばた）　槙山（まきやま）　希望ヶ丘（きぼうがおか）　中戸（なかど）　白岩（しらいわ）　千本つつじヶ丘（せんぼんつつじがおか）		○	
西忌部町（にしいんべちょう）		〃（〃）	西忌部　大向（おおむこう）　中組（なかぐみ）　柳原（やなぎはら）　堂廻（どうさこ）　一崎（いつざき）　下忌部（しもいんべ）　開拓（かいたく）　空山（そらやま）　客ヶ丘（きゃくがおか）　希望ヶ丘（きぼうがおか）		○	
鹿島町（かしまちょう）	恵曇（えとも）	恵曇町（鹿島町）	江角　柿添（かきぞえ）　福野（ふくの）　元番所脇（もとばんしょわき）　南組（みなみぐみ）　北組（きたぐみ）　奥田（おくだ）	○		
〃	古浦（こうら）	〃（〃）	古浦　砂山（すなやま）　本通（ほんみち）　後通（うしろみち）　宮山（みややま）　馬のう道（まのうみち）　宮道（みやみち）　宮後道（みやうしろみち）　古寺跡（ふるでらあと）	○		
〃	手結（たゆ）	〃（〃）	手結　上組（かみぐみ）　下組（しもぐみ）　中組（なかぐみ）	○		
〃	片句（かたく）	〃（〃）	片句　登り（のぼり）　大向（おおむかい）　渡ヶ夕八（わたりがたわ）	○		
〃	武代（たけだい）	〃（〃）	武代　武代本区（たけだいほんく）　曲り（まがり）　昭栄区（しょうえいく）	○		
〃	佐陀本郷（さだほんごう）	〃（〃）	佐陀本郷　志戸（しと）　客土（きゃくど）　峯谷（みねだに）　畑垣（はたがき）　深田（ふかだ）　根連木（ねれぎ）　廻谷（さこや）	○		
〃	佐陀宮内（さだみやうち）	〃（〃）	佐陀宮内　大場（だいば）　市場（いちば）　角広岡（すみひろおか）　土井垣（どいがき）　海地呂山（かいじろさん）　仲田（なかた）	○		
〃	名分（みょうぶん）	講武村（〃）	名分　湯戸（ゆど）　一矢（いちや）　七日市（なぬかいち）	○		
〃	南講武（みなみこうぶ）	〃（〃）	南講武　北側（きたがわ）　南側（みなみがわ）　小谷（こたに）　寺谷（てらだに）　下組（しもぐみ）	○		
〃	北講武（きたこうぶ）	〃（〃）	北講武　柏（かせわ）　西谷（にしだに）　尾坂（おとか）	○		
〃	上講武（かみこうぶ）	〃（〃）	上講武　山奥（やまおく）　清水（しみず）　石津（いしづ）　古殿（ふるとん）　大石（おおいし）　立花（たちばな）	○		
〃	御津（みつ）	御津村（〃）	御津　西丁（にしちょう）　稲荷丁（いなりちょう）　海道丁（かいどうちょう）　大丁（おおちょう）　門田丁（かどたちょう）　鍛冶屋丁（かじやちょう）　東丁（ひがしちょう）　越堂（こえどう）	○		
島根町（しまねちょう）	大芦（おおわし）	大芦村（島根町）	大芦　海鳥（みどり）　楡木（にれぎ）　浜（はま）　小具（おうぐ）　北垣（きたがき）　垣之内（かきのうち）　大芦別所（おおわしべっしょ）	○		
〃	加賀（かか）	加賀村（〃）	加賀　浜（はま）　加賀別所（かかべっしょ）　佐波（さなみ）	○		
〃	野波（のなみ）	野波村（〃）	野波　野波（のなみ）　小波（こなみ）　瀬崎（せざき）	○		
〃	多古（たこ）	〃（〃）	多古　多古（たこ）　沖泊（おきどまり）			○
〃	野井（のい）	〃（〃）	野井			○
美保関町（みほのせきちょう）	笠浦（かさうら）	千酌村（美保関町）	笠浦			○

松江市

町 名	字 名	旧市町村及び大字名	通 称	小字の区域 有 全域	小字の区域 有 一部	廃止済
美保関町（みほのせきちょう）	千酌（ちくみ）	千酌村（美保関町）	千酌			○
〃	北浦（きたうら）	〃（ 〃 ）	稲積（いなずみ）　北浦（きたうら）			○
〃	菅浦（すげうら）	片江村（ 〃 ）	菅浦			○
〃	片江（かたえ）	〃（ 〃 ）	笹子（ささご）　片江（かたえ）			○
〃	七類（しちるい）	〃（ 〃 ）	惣津（そうず）　七類（しちるい）			○
〃	諸喰（もろくい）	〃（ 〃 ）	法田（ほうだ）　諸喰（もろくい）			○
〃	美保関（みほのせき）	美保関町（ 〃 ）	加鼻（かばな）　美保小路（みほこうじ）　月名小路（つきなこうじ）　泊（とまり） 四谷（よたに）　西小路（にしこうじ）　才（さい）　軽尾（かるび）　杢井（もくい） 長浜（ながはま）　風ヶ浦（かぜがうら）　小畑（こばたけ）　海崎（かいざき）　中浦小路（なかうらこうじ）			○
〃	雲津（くもづ）	〃（ 〃 ）	雲津			○
〃	福浦（ふくうら）	森山村（ 〃 ）	長浜（ながはま）　男鹿（おしし）　宮谷（みやのたに）　玉井（たまい）　大福浦（おおふくうら） 小福浦（こふくうら）			○
〃	森山（もりやま）	〃（ 〃 ）	日向浦（ひゅうがうら）　長島（ながしま）　大江（おおえ）　宇井（うい）　小中村（こなかむら） 川崎（かわさき）　市場（いちば）			○
〃	下宇部尾（しもうべお）	〃（ 〃 ）	上谷（かみたに）　田口（たぐち）　下口（じもぐち）　万原（まんばら）			○
八雲町（やくもちょう）	日吉（ひよし）	岩坂村（八雲村）	日吉（ひよし）　日吉団地（ひよしだんち）　東日吉（ひがしひよし）　西日吉（にしひよし） つるぎ団地（つるぎだんち）　新日吉団地（しんひよしだんち）　切通団地（きりどおしだんち） 田園ひよし（でんえんひよし）　つるぎニュータウン（つるぎにゅーたうん） 日吉台サニーハイツ（ひよしだいさにーはいつ）　第2つるぎニュータウン（だいにつるぎにゅーたうん）			○
〃	東岩坂（ひがしいわさか）	〃（ 〃 ）	川向（かわむこう）　市東（いちひがし）　市西（いちにし）　安田（やすた）　旭団地（あさひだんち） 川原（かわはら）　星上団地（ほしかみだんち）　大明団地（だいみょうだんち）　岩坂ハイツ（いわさかはいつ） 中山ハイツ（なかやまはいつ）　宮谷グリーンタウン（みやだにぐりーんたうん）			○
〃	西岩坂（にしいわさか）	〃（ 〃 ）	青木（あおき）　早田（そうで）　元田（もとだ）　大日（だいにち）　桑下（くわしも） 桑中（くわなか）　桑上（くわかみ）　秋奥（あきおく）　青木団地（あおきだんち） 秋家（あきいえ）　青木にじが丘（あおきにじがおか）			○
〃	熊野（くまの）	熊野村（ 〃 ）	大石（おおいし）　大田（おおた）　森脇（もりわき）　矢谷（やだに）　稲葉（いなば） 上宮内（かみみやうち）　下宮内（しもみやうち）　岩室（いわむろ）　萱野（かやの）　市場（いちば） 須谷（すたに）　松廻団地（まつざこだんち）　熊野ハイツ（くまのはいつ）			○
〃	平原（ひらはら）	大庭村（ 〃 ）	畦石室（あぜいしむろ）　草谷（くさたに）　中組（なかぐみ）　向畑（むこうはた）　奥殿畑（おくとのはた） 平原ニュータウン（ひらはらにゅーたうん）　しいのみ			○

— 63 —

松江市

町名	字名	旧市町村及び大字名	通称	小字の区域 有 全域	小字の区域 有 一部	廃止済
玉湯町	布志名(ふじな)	玉湯村(玉湯町)	布志名 一 二 三			○
〃	湯町(ゆまち)	(〃)	湯町 東 西一 南 灘 西二			○
〃	林(はやし)	(〃)	林村 根尾 本郷一 本郷二 本郷三 柳井 別所 小金町			○
〃	玉造(たまつくり)	(〃)	玉造 下 上 中一 中二 空口 東 湯田 西			○
〃	大谷(おおだに)	(〃)	大谷 一 二 三 四 五 六 七			○
宍道町	宍道(しんじ)	宍道町(宍道町)	宍道 一区東 一区西 二区 三区 四区 五区 六区			○
〃	白石(はくいし)	(〃)	白石 下白石 上白石 下倉 才 坂口 金山上 金山下 白石団地			○
〃	佐々布(さそう)	(〃)	佐々布 佐々布下 佐々布中 大森 岡の目 畑 荻田 荻田団地 小佐々布 佐々布旭 緑が丘			○
〃	伊志見(いじみ)	(〃)	伊志見			○
〃	昭和(しょうわ)	(〃)	昭和			−
〃	上来待(かみきまち)	来待村(〃)	上来待 大森 佐倉 田根 和名佐 小林 菅原			○
〃	東来待(ひがしきまち)	(〃)	東来待 鏡 弘長寺 浜東 浜西 久戸 池田 眺江台 湖南台			○
〃	西来待(にしきまち)	(〃)	西来待 小松 中垣 内ヶ峠 横見			○
〃	昭和新田(しょうわしんでん)	(〃)	昭和新田 大野 八雲学院 小松団地			
八束町	波入(はにゅう)	波入村(八束町)	波入 延若 西中 東 亀崎 坂島 宮前	○		
〃	入江(にゅうこう)	(〃)	入江 中筋 茅島磯 豕坂 大灘 大山 深浦 畑尻 柳屋	○		
〃	遅江(おそえ)	(〃)	遅江 間津崎 中平 表 上 小遅江 東岡 清水尻	○		
〃	二子(ふたご)	二子村(〃)	二子 川ノ空 亀ノ尻 岡本 保ノ崎 松ノ本	○		

(注1) 昭和新田は、宍道湖の埋立てによる区域
(注2) 設定年月日：一区東 昭43.4.1,一区西 昭43.4.1,昭和 昭43.4.1,緑が丘 平11.4.1,湖南台 昭62.4.1

松江市

町名	字名	旧市町村及び大字名		通称	小字の区域		廃止済
					有		
					全域	一部	
八束町	寺津	二子村(八束町)	寺津	岡的場　水ノ上　家の北　井ノ元　中道	○		
〃	亀尻	(〃)	亀尻	牛込　屋敷　灘　荒神元　宮ノ前　岡　二本松	○		
〃	馬渡	(〃)	馬渡	堂脇　地々蔵　平島　高丸　高尾　本坊	○		
〃	江島	(〃)	江島	四間川南　中村岡　駒渡　長島　小島	○		
東出雲町	揖屋	揖屋町(東出雲町)	揖屋	東町1区　東町2区　東灘　倉本町　中町　千鳥町　中灘　西町　西灘　中組　泉町　駅前　東新町　西新町　北新町　上新1区　上新2区　上新3区　四ッ廻　廻山　五反田　上分　平賀　東平賀　崎田1区　崎田2区　崎田3区　中学校前　中津1区　中津2区　中津3区　南中津　附谷1区　附谷2区　附谷3区　附谷4区　藤谷町　花水木　星風		○	
〃	出雲郷	出雲郷村(〃)	出雲郷	古城　竹ノ花　大木　町東　町中　町西　町北　町西団地　市の向　白井手	○		
〃	意宇南一丁目	(〃)	〃				○
	意宇南二丁目	(〃)	〃				○
	意宇南三丁目	(〃)	〃				○
	意宇南四丁目	(〃)	〃				○
	意宇南五丁目	(〃)	〃				○
	意宇南六丁目	(〃)	〃				○

松　江　市

町　名	字名	旧市町村及び大字名	通　称	小字の区域 有 全域	小字の区域 有 一部	廃止済
東出雲町 (ひがしいずもちょう)	意宇東一丁目 (いうひがしいっちょうめ)	出雲郷村（東出雲町）	出雲郷			○
	意宇東二丁目 (いうひがしにちょうめ)	(〃)	〃			○
	意宇東三丁目 (いうひがしさんちょうめ)	(〃)	〃			○
〃	春日 (かすが)	(〃)	春日	春日 (かすが)　春日台 (かすがだい)　東春日 (ひがしかすが)　西春日 (にしかすが)	○	
〃	今宮 (いまみや)	(〃)	今宮		○	
〃	内馬 (うちうま)	(〃)	内馬		○	
〃	須田 (すた)	(〃)	須田			○
〃	錦新町一丁目 (にしきしんまちいっちょうめ)	(〃)	出雲郷	錦新町1区 (にしきしんまちいっく)		○
	錦新町二丁目 (にしきしんまちにちょうめ)	(〃)	〃	錦新町2区 (にしきしんまちにく)		○
	錦新町三丁目 (にしきしんまちさんちょうめ)	(〃)	〃	錦新町3区 (にしきしんまちさんく)		○
	錦新町四丁目 (にしきしんまちよんちょうめ)	(〃)	〃	錦新町3区 (にしきしんまちさんく)		○
	錦新町五丁目 (にしきしんまちごちょうめ)	(〃)	〃	錦新町5区 (にしきしんまちごく)		○
	錦新町六丁目 (にしきしんまちろくちょうめ)	(〃)	〃	錦新町6区 (にしきしんまちろっく)		○
	錦新町七丁目 (にしきしんまちななちょうめ)	(〃)	〃	錦新町7区 (にしきしんまちななく)		○
	錦新町八丁目 (にしきしんまちはっちょうめ)	(〃)	〃			○
〃	上意東 (かみいとう)	意東村 (〃)	上意東	本谷奥組 (ほんだにおくぐみ)　本谷中組 (ほんだになかぐみ)　本谷下組 (ほんだにしもぐみ)　畑 (はた)　高庭 (たかにわ)	○	

松江市

町名	字名	旧市町村及び大字名		通称	小字の区域		廃止済
					有		
					全域	一部	
東出雲町(ひがしいずもちょう)	下意東(しもいとう)	意東村(東出雲町)	下意東	中意東(なかいとう) 磯近(いそちか) 富士見丘(ふじみがおか) 藪中(やぶなか) 西中(にしなか) 中市場上(なかいちばかみ) 中市場下(なかいちばしも) 東の西(ひがしのにし) 東の中(ひがしのなか) 東の東(ひがしのひがし) 大東(おおひがし) 羽入(はにゅう) 野高(のたか) 湯田(ゆだ) 松原(まつばら) 町後団地(まちうしろだんち) 羽入団地(はにゅうだんち) 筑陽(ちくよう) 朝凪(あさなぎ) あさひ台(あさひだい)		○	
〃	錦浜(にしきはま)	(〃)					○

(注) 錦浜は、中海の埋立てによる字の区域

注：住居表示実施区域
　(昭和50年6月1日実施)
　　西嫁島一丁目・西嫁島二丁目・西嫁島三丁目・嫁島町・袖師町・八雲台一丁目・八雲台二丁目・一の谷町
　(昭和51年11月15日実施)
　　新雑賀町・本郷町
　(昭和53年5月1日実施)
　　比津が丘一丁目・比津が丘二丁目・比津が丘三丁目・比津が丘四丁目
　(昭和54年5月20日実施)
　　南平台
　(昭和55年6月1日実施)
　　青葉台
　(昭和56年6月1日実施)
　　西津田二丁目
　(昭和57年7月1日実施)
　　西津田三丁目・西津田四丁目
　(昭和58年7月1日実施)
　　西津田一丁目・西津田五丁目
　(昭和59年7月1日実施)
　　西津田六丁目
　(昭和60年7月1日実施)
　　西津田七丁目・西津田八丁目
　(昭和61年7月1日実施)
　　西津田十丁目
　(昭和62年2月1日実施)
　　西津田九丁目・浜乃木六丁目・浜乃木七丁目・浜乃木八丁目
　(昭和63年2月1日実施)
　　浜乃木一丁目・浜乃木二丁目
　(平成元年2月1日実施)
　　浜乃木四丁目・浜乃木五丁目
　(平成2年2月1日実施)
　　浜乃木三丁目
　(平成3年2月1日実施)
　　上乃木一丁目・上乃木二丁目・上乃木三丁目
　(平成4年2月1日実施)
　　上乃木四丁目・上乃木五丁目・上乃木六丁目・上乃木七丁目
　(平成5年2月1日実施)
　　上乃木八丁目・上乃木九丁目・上乃木十丁目
　(平成6年2月1日実施)
　　古志原一丁目・古志原二丁目
　(平成7年2月6日実施)
　　古志原三丁目・古志原四丁目・古志原五丁目
　(平成8年2月5日実施)
　　古志原六丁目・古志原七丁目
　(平成9年2月3日実施)
　　淞北台
　(平成10年11月3日実施)
　　学園南一丁目・学園南二丁目・学園一丁目・学園二丁目
　(平成13年6月2日実施)
　　東出雲町錦新町一丁目・東出雲町錦新町二丁目・東出雲町錦新町三丁目・東出雲町錦新町四丁目・
　　東出雲町錦新町五丁目・東出雲町錦新町六丁目・東出雲町錦新町七丁目・東出雲町錦新町八丁目
　(平成14年2月18日実施)
　　うぐいす台・西法吉町
　(平成14年8月5日実施)
　　比津が丘五丁目

浜田市

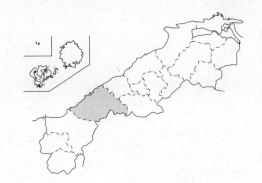

市　章
　波頭の図案が「浜」を、中央の十字星は輝く未来を表し、同時に全体として里山にある「田」の文字を表徴している。

市の花　つつじ（H21.10. 1制定）

市の木　さくら（H21.10. 1制定）

市の魚　のどぐろ（H21.10. 1制定）

人口等の状況	年月日	平成17.10.1	平成22.10.1	平成27.10.1
	人　口（人）	63,046	61,713	58,105
	世帯数（世帯）	25,023	24,972	24,498
	面　積（㎞²）	689.52	689.60	690.66

〈市名の由来〉
　「浜田」という名称は、平安時代中期に中納言藤原常方卿が潮汐の干満を調べて、浜に田を開いたのがその名の始めと伝えられているが、文安元年（1444）に書写が完成した宝福寺所蔵『紙本墨書大般若経』にみえる「濱田村」がその初見である。

〈沿　革〉
　当市は、浜田市、金城町、旭町、弥栄村、三隅町が平成17年10月1日に合併して新たに浜田市として誕生した。
　古代における市域は、石見国那賀郡に属し、石見郷、周布郷、伊甘郷、久佐郷、杵束郷、三隅郷と都於郷から成っていたとみられる。石見国府は伊甘郷に設置され、石見国の政治・経済・文化の中心として重要な位置を占めた。平安時代後期から末期にかけて石見国へ下向した藤原国兼は、御神本氏と称し、国府役人として勢力の拡大を図り、後に益田へ本拠地を移したとされ、益田氏と称した。この益田氏の庶子家として三隅氏、福屋氏、周布氏、永安氏などが分出し、戦国時代に至るまで独自の地域支配を行った。
　江戸時代になると、市域は海岸部を中心とする幕府直轄の銀山領と、山間部を中心とする坂崎直盛の津和野藩領となった。元和3年（1617）、津和野に亀井政矩が入り元和5年（1619）には、銀山領であった浜田に古田重治が入り、浜田藩が成立するとともに、城下町が建設された。
　明治22年（1889）、町村制が施行され、その後幾たびかの町村合併が行われて、昭和15年には浜田市が成立し、同44年には国府町と合併した。また、同30年には三隅町が町制を施行し、同31年には弥栄村が成立。同33年に旭村、同44年に金城村がそれぞれ町制を施行した。
　市域の陸上交通は、江戸時代に海岸部を東西に結ぶ山陰道とこれに平行して山間部を貫く津和野奥筋往還、そして浜田三次往還や山陽とをつなぐ浜田広島街道などの主要道が整備され、その結節点となる浜田、今市などが要衝の地として栄えた。その後も交通網の整備が進められ、国道9号線、国道186号線、浜田八重可部線などの整備を経て、平成3年には中国横断自動車道広島浜田線が開通し、山陰自動車道の整備も引き続き進められている。
　なお、鉄道は大正10年（1921）に山陰本線京都―浜田間が開通し、その2年後には浜田―益田間、山口線益田―小郡間が全通して山陽と鉄路で結ばれた。海上交通は、室町時代後期以降、浜田、長浜、三隅（湊浦）などが港として発展し、江戸時代中期には外ノ浦、瀬戸ケ島、長浜が貿易港として石央地域の物流を支えた。明治時代に入り、明治32年（1899）に浜田港が開港場として指定され、昭和32年には重要港湾の指定を受け、平成22年には重点港湾として選定されている。
　当市は、東西に長い県土を支える要衝の地であるとともに、中国横断自動車道広島浜田線と環日本海交流の拠点港としての整備により、東西軸と南北軸の交差する「山陽の北の玄関口」として、重要な位置を占めるに至っている。このような歴史地理的な環境を土台として、新・浜田市が合併にあたって採用した自治区制度により、地域の個性を活かしながら、一体的な「まちづくり」を進めるとともに、浜田医療センターの移転新築、島根あさひ社会復帰促進センターの設置、大規模農業団地「新開団地」の整備、石州半紙のユネスコ無形文化遺産への登録がなされ、山陰自動車道の早期開通、子育て支援センターの建設などの主要プロジェクトを推進して、県西部の中核都市としての発展を期することとしている。

浜　田　市

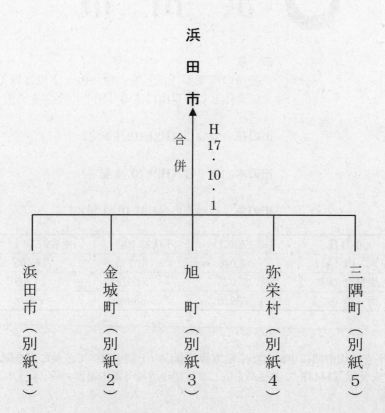

浜田市

(別紙1)

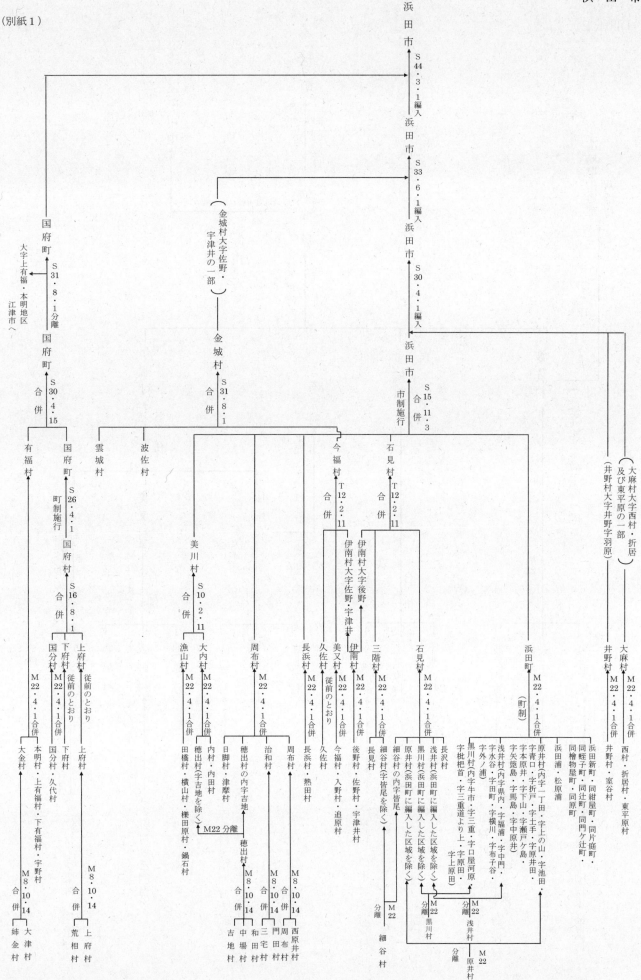

浜田市
（別紙2）

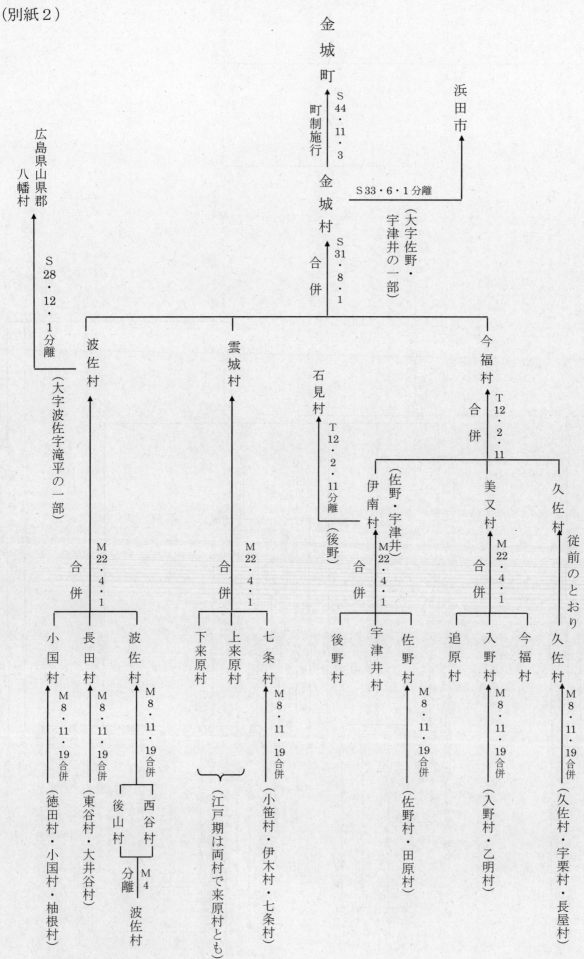

浜田市

(別紙3)

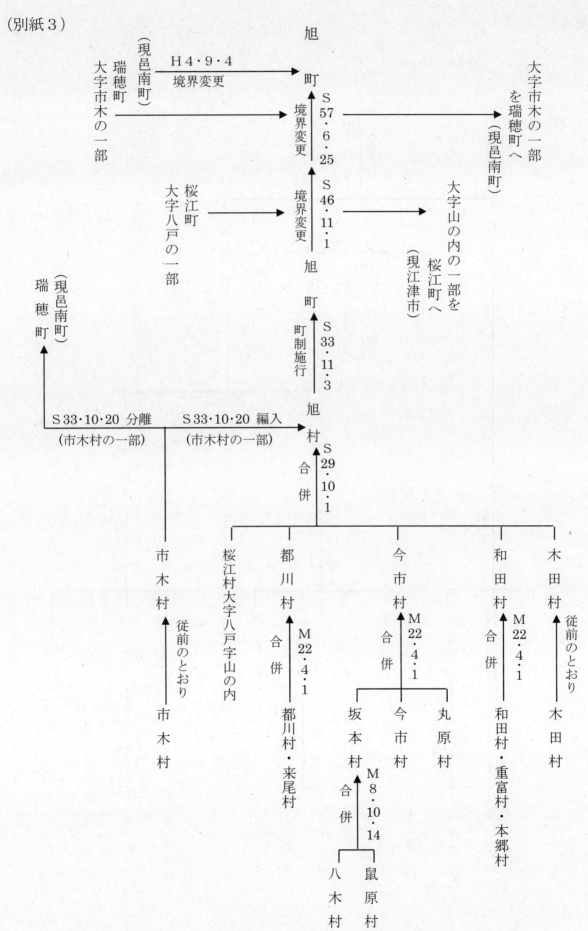

浜田市
（別紙4）

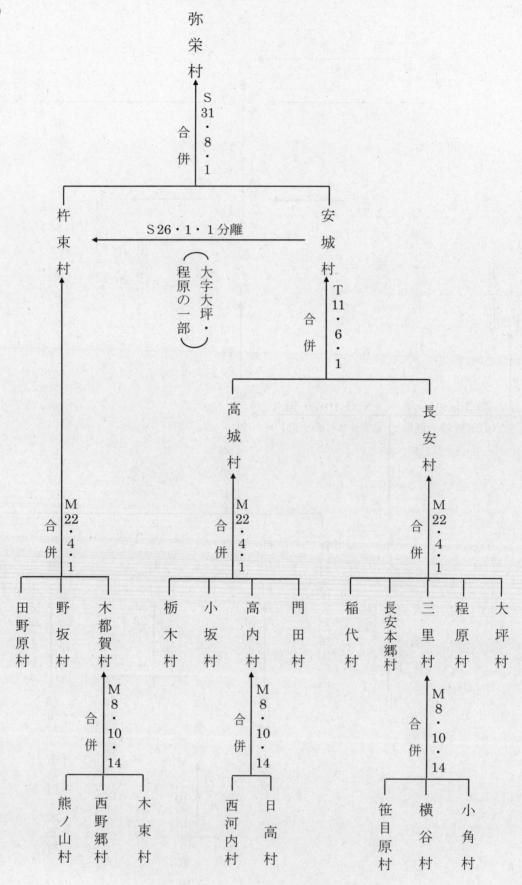

浜田市

(別紙5)

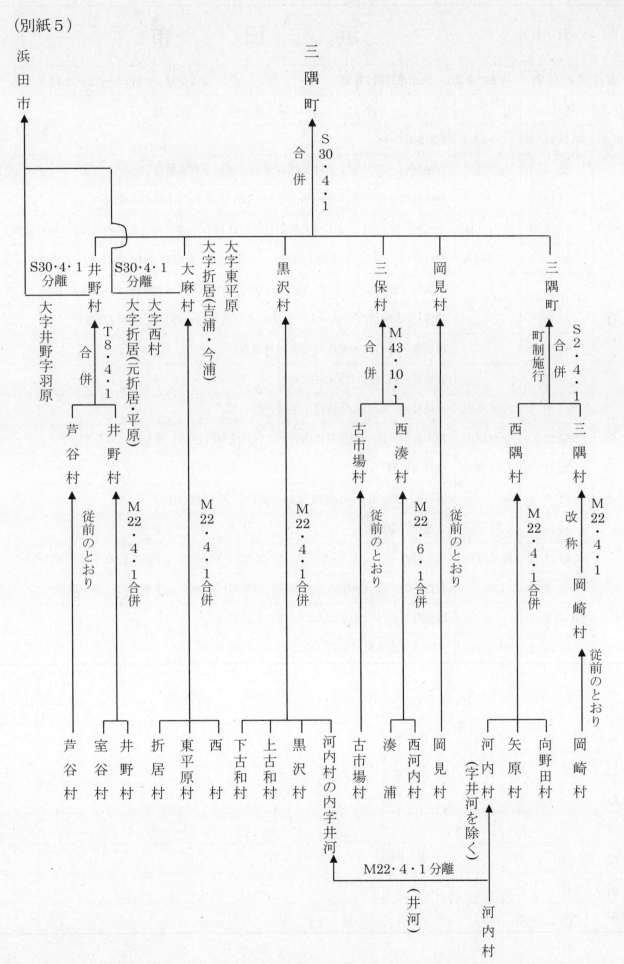

浜田市

市町村名	浜　田　市 (はまだし)		
市役所の位置	〒697-8501　浜田市殿町1番地	電話番号	0855－22－2612

<table>
<tr><th rowspan="2">合併等の状況</th><th>年月日</th><th>合体編入等の別</th><th>関係市町村名</th></tr>
<tr><td>昭15.11. 3</td><td>（市制）</td><td>（浜田市）</td></tr>
<tr><td>26. 1. 1</td><td>境界変更</td><td>安城村の一部（大字大坪及び程原の一部）を杵東村に</td></tr>
<tr><td>28.12. 1</td><td>〃</td><td>波佐村の一部（大字波佐字滝平の一部）を広島県山県郡八幡村へ</td></tr>
<tr><td>29.10. 1</td><td>合　　体</td><td>今市村・木田村・和田村・都川村・桜江村の一部（大字八戸の一部）（旭村設置）</td></tr>
<tr><td>30. 4. 1</td><td>分割編入</td><td>井野村の一部（大字井野字羽原）　大麻村の一部（大字西村・折居及び東平原の一部）</td></tr>
<tr><td>〃</td><td>合　　体</td><td>三隅町・三保村・岡見村・黒沢村・井野村の一部（大字井野（字羽原を除く）・室谷・芦谷）・大麻村の一部（大字東平原及び折居の一部）（三隅町設置）</td></tr>
<tr><td>31. 8. 1</td><td>〃</td><td>雲城村・今福村・波佐村（金城村設置）</td></tr>
<tr><td>〃</td><td>〃</td><td>安城村・杵束村（弥栄村設置）</td></tr>
<tr><td>33. 6. 1</td><td>境界変更</td><td>金城村の一部（大字佐野・宇津井の一部）</td></tr>
<tr><td>33.10.20</td><td>分割編入</td><td>市木村の一部（瑞穂町に編入した区域を除く区域）を旭町に</td></tr>
<tr><td>33.11. 3</td><td>（町制）</td><td>旭村（旭町）</td></tr>
<tr><td>44. 3. 1</td><td>編　　入</td><td>国府町（26. 4. 1 町制30. 4.15 国府町・有福村合体）</td></tr>
<tr><td>44.11. 3</td><td>（町制）</td><td>金城村（金城町）</td></tr>
<tr><td>46.11. 1</td><td>境界変更</td><td>桜江町の一部（大字八戸の一部）を旭町へ、旭町大字山の内の一部を桜江町へ</td></tr>
<tr><td>57. 6.25</td><td>〃</td><td>瑞穂町の一部（大字市木の一部）を旭町へ、旭町大字市木の一部を瑞穂町へ</td></tr>
<tr><td>平 4. 9. 4</td><td>〃</td><td>瑞穂町の一部（大字市木の一部）を旭町へ</td></tr>
<tr><td>17.10. 1</td><td>合　　体</td><td>浜田市・金城町・旭町・弥栄村・三隅町</td></tr>
</table>

町　名	旧市町村及び大字名	通　称	小字の区域		廃止済
			全域	一部	
外ノ浦町（とのうらちょう）	浜田町（浜田市）	浅井			○
松原町（まつばらちょう）	〃（〃）	浅井　松原			○
殿町（とのまち）	〃（〃）	浅井			○
田町（たまち）	〃（〃）	〃			○
琵琶町（びわまち）	〃（〃）	黒川			○
朝日町（あさひまち）	〃（〃）	〃			○
牛市町（うしいちちょう）	〃（〃）	〃　三重（さんじょう）牛市（うしいち）			○

浜田市

町　名	旧市町村及び大字名		通　称	小字の区域		廃止済
				有		
				全域	一部	
紺屋町(こんやまち)	浜田町(浜田市)	紺屋原井黒川	紺屋町(こんやまち)　中紺屋(なかこんや)　裏紺屋(うらこんや)			○
天満町(てんまちょう)	〃(〃)	原井紺屋				○
新町(しんまち)	〃(〃)	紺屋新町				○
錦町(にしきまち)	〃(〃)	原井新町片庭				○
蛭子町(えびすちょう)	〃(〃)	原井蛭子				○
栄町(さかえまち)	〃(〃)	新町原井				○
片庭町(かたにわちょう)	〃(〃)	原井片庭				○
港町(みなとまち)	〃(〃)	原井				○
京町(きょうまち)	〃(〃)	門ヶ辻檜物屋				○
高田町(たかたちょう)	〃(〃)	原井				○
真光町(しんこうちょう)	〃(〃)	門ヶ辻原町原井				○
大辻町(おおつじちょう)	〃(〃)	辻町原井				○
瀬戸ケ島町(せとがしまちょう)	〃(〃)	原井浅井浜田浦				○
元浜町(もとはまちょう)	〃(〃)	浜田浦原井				○
原町(はらちょう)	〃(〃)	原町				○
清水町(しみずちょう)	〃(〃)	原井原町				○
瀬戸見町(せとみちょう)	〃(〃)	原井				○
生湯町(うぶゆちょう)	石見村(〃)	長沢	後生湯(うしろうぶゆ)　前生湯(まえうぶゆ)　生湯(うぶゆ)			○
長沢町(ながさわちょう)	〃(〃)	〃	長沢(ながさわ)　二反田(にたんだ)			○
浅井町(あさいちょう)	〃(〃)	浅井	五万堂(ごまんどう)　祇園谷(ぎおんだに)　緑ヶ丘(みどりがおか)　浅井(あさい)			○
黒川町(くろかわちょう)	〃(〃)	黒川	掘割(ほりわり)　上黒川(かみくろかわ)　潰(つえ)　東光台(とうこうだい)　黒川(くろかわ)			○
相生町(あいおいちょう)	〃(〃)	〃	三宮(さんくう)　社家地(しゃけち)　今井迫(いまいざこ)　相生(あいおい)			○
竹迫町(たけざこちょう)	〃(〃)	〃				○
杉戸町(すぎどちょう)	〃(〃)	〃				○
高佐町(こうさちょう)	〃(〃)	〃				○
河内町(こうちちょう)	〃(〃)	〃				○

浜田市

町　名	旧市町村及び大字名		通　称	小字の区域		廃止済
				全域	一部	有
野原町（のばらちょう）	石見村（浜田市）	細谷 原井				○
原井町（はらいちょう）	〃（〃）	原井	青川（あおがわ）　原井（はらい）　柳ヶ内（やなぐつ）　雲雀丘（ひばりがおか）			○
笠柄町（かさがらちょう）	〃（〃）	笠柄				―
三階町（さんがいちょう）	〃（〃）	細谷 長見				○
長見町（ながみちょう）	〃（〃）	〃				○
後野町（うしろのちょう）	〃（〃）	後野				○
佐野町（さのちょう）	今福村（〃）	佐野	佐野上（さのかみ）　佐野町（さのまち）　美田（みた）　佐野下（さのしも）　田原（たばら）			○
宇津井町（うつい ちょう）	〃（〃）	宇津井	千谷（ちだに）　小山（こやま）　宇津井（うつい）			○
熱田町（あったちょう）	長浜村（〃）	熱田	福井（ふくい）　上熱田（かみあった）　下熱田（しもあった）　熱田（あった）　石原（いしはら）			○
			仮遠田（かりとうだ）　小福井（こふくい）　汐入（しおいり）　東福井（ひがしふくい）			
長浜町（ながはまちょう）	〃（〃）	長浜				○
周布町（すふちょう）	周布村（〃）	周布				○
日脚町（ひなしちょう）	〃（〃）	日脚				○
治和町（ちわちょう）	〃（〃）	治和				○
津摩町（つまちょう）	〃（〃）	津摩				○
吉地町（よしじちょう）	〃（〃）	吉地				○
穂出町（ほのでちょう）	美川村（〃）	穂出	和田（わだ）　中場（なかば）			○
西村町（にしむらちょう）	大麻村（〃）	西村	大谷（おおだに）　力石東（ちからいしひがし）　力石西（ちからいしにし）　西村（にしむら）			○
折居町（おりいちょう）	〃（〃）	折居				○
東平原町（ひがしひらはらちょう）	〃（〃）	〃				○
鍋石町（なべいしちょう）	美川村（〃）	鍋石	鍋石東（なべいしひがし）　鍋石中（なべいしなか）　鍋石西（なべいしにし）			○
櫟田原町（いちいたばらちょう）	〃（〃）	櫟田原				○
田橋町（たばせちょう）	〃（〃）	田橋	田橋上（たばせかみ）　田橋中（たばせなか）　田橋下（たばせしも）			○
横山町（よこやまちょう）	〃（〃）	横山	横山上（よこやまかみ）　横山下（よこやましも）　横山西（よこやまにし）			○
内村町（ないむらちょう）	〃（〃）	内村	一ノ瀬（いちのせ）　本郷（ほんごう）　松羽（まつば）　牛谷（うしたに）　十文字原（じゅうもんじばら）			○
内田町（うちだちょう）	〃（〃）	内田	百万騎（ひゃくまんき）　奥猪伏（おくいぶし）　後面（うしろめん）　上内田（かみうちだ）　下内田（しもうちだ）			○
			中内田（なかうちだ）　前猪伏（まえいぶし）			
井野町（いのちょう）	井野村（〃）	井野	羽原（はばら）			○
上府町（かみこうちょう）	国府村（〃）	上府	三宅（みあけ）　三重（さんじゅう）　上条（かみじょう）　久畑（くぼた）　天神（てんじん）			○
			荒相（あらわ）　伊甘（いかん）　山根郷（やまねごう）			

浜田市

町　名	旧市町村及び大字名		通　称	小字の区域		廃止済
				全域	一部	
国分町（こくぶちょう）	国府村（浜田市）	国分（こくぶ）	唐鐘（とうがね）　国分（こくぶ）			○
久代町（くしろちょう）	（〃）	久代（くしろ）				○
下府町（しもこうちょう）	（〃）	下府（しもこう）	下府（しもこう）　桜ヶ丘（さくらがおか）　卸団地（おろしだんち）			○
宇野町（うのちょう）	有福村（〃）	宇野（うの）	大尾谷（おおだに）　宇野東（うのひがし）　宇野南（うのみなみ）　宇野西（うのにし）			○
下有福町（しもありふくちょう）	（〃）	下有福（しもありふく）	下有福東（しもありふくひがし）　下有福西（しもありふくにし）			○
大金町（おおがねちょう）	（〃）	大金（おおがね）	姉金（あねがね）　大津（おおつ）			○
金城町上来原（かなぎちょうかみくるばら）	雲城村（金城町）	上来原（かみくるばら）	大谷（おおだに）　東（ひがし）　西（にし）　下ノ原（しものはら）			○
金城町下来原（かなぎちょうしもくるばら）	（〃）	下来原（しもくるばら）	今田（いまだ）　吉留（よしどめ）　上組（かみぐみ）　金田（かなだ）　下長屋（しもながや）　緑ヶ丘（みどりがおか）　南（みなみ）　北の森（きたのもり）			○
金城町七条（かなぎちょうしちじょう）	（〃）	七条（しちじょう）	若林（わかばやし）　新開（しんがい）　小笹（おざさ）　元小笹（もとおざさ）　水上谷（みずかみだに）　伊木（いぎ）　青原（あおばら）　希望ヶ丘（きぼうがおか）　促進住宅（そくしんじゅうたく）			○
金城町宇津井（かなぎちょううつい）	今福村（〃）	宇津井（うつい）	小松木（こまつぎ）			○
金城町久佐（かなぎちょうくざ）	（〃）	久佐（くざ）	宇栗（うぐり）　浄光寺谷（じょうこうじだに）　新生（しんせい）　小原谷（こばらだに）　山根原（やまねばら）　久佐郷（くざごう）　東下久佐（ひがししもくざ）　上長屋（かみながや）　下久佐（しもくざ）			○
金城町今福（かなぎちょういまふく）	（〃）	今福（いまふく）	元谷（もとだに）　二タ村（ふたむら）　今福（いまふく）　岩塚（いわづか）　小瀬原（こせばら）　久佐川（くざがわ）　皆合（みなわ）			○
金城町追原（かなぎちょうおいばら）	（〃）	追原（おいばら）	美又（みまた）　追原郷（おいばらごう）　大元（おおもと）　福原（ふくはら）　植松（うえまつ）			○
金城町入野（かなぎちょういりの）	（〃）	入野（いりの）	新原（ねえばら）　越沢（おつそう）　入野（いりの）			○
金城町波佐（かなぎちょうはざ）	波佐村（〃）	波佐（はざ）	若生（わかお）　西谷上（にしだにかみ）　亀谷原（かめだにばら）　新井屋原（にいやばら）　馬場（ばば）　菅沢（すがさわ）　弋手原（わなてばら）　三栄（さんえい）　深笹上（ふかざさかみ）　深笹下（ふかざさしも）　後山（うしろやま）			○
金城町長田（かなぎちょうながた）	（〃）	長田（ながた）	東谷上（ひがしだにかみ）　東谷下（ひがしだにしも）　大井谷（おおいだに）　登り谷（のぼりだに）　郷（ごう）			○
金城町小国（かなぎちょうおぐに）	（〃）	小国（おぐに）	柚根（ゆね）　徳田上（とくだかみ）　徳田中（とくだなか）　徳田下（とくだしも）　小国郷（おぐにごう）　田ノ原（たのはら）			○

— 79 —

浜田市

町　名	旧市町村及び大字名		通　称	小字の区域		廃止済
				全域	一部	
				有		
旭町坂本（あさひちょうさかもと）	今市村（旭町）	坂本	四ノ戸　上ノ谷　日南			○
旭町今市（あさひちょういまいち）	（〃）	今市	草ノ谷　神代屋　加古屋　森谷　小谷城　新町　福屋　下城　栄　旭ヶ丘			○
旭町丸原（あさひちょうまるばら）	（〃）	丸原	柳　小場田　御神本　寺廻り　丸原町　上城　高杉谷　後谷　岩地谷　十門台　南高台			○
旭町木田（あさひちょうきた）	木田村（〃）	木田	木田1　木田2上　木田2下　木田3　木田4　木田5　木田6　木田7　木田8			○
旭町山ノ内（あさひちょうやまのうち）	長谷村（〃）	八戸	山ノ内			○
旭町和田（あさひちょうわだ）	和田村（〃）	和田	下和田　大石谷　和田町　天津谷　上和田　柏尾谷			○
旭町重富（あさひちょうしげとみ）	（〃）	重富	重富			○
旭町本郷（あさひちょうほんごう）	（〃）	本郷	下本郷　上本郷　戸川			○
旭町都川（あさひちょうつかわ）	都川村（〃）	都川	都川1　都川2　都川3　都川4　都川5　都川7			○
旭町来尾（あさひちょうきたお）	（〃）	来尾	来尾			○
旭町市木（あさひちょういちぎ）	市木村（〃）	市木	中郡　早水　内ヶ原　貝崎　平松　越木			○
弥栄町木都賀（やさかちょうきつか）	杵束村（弥栄村）	木都賀	塚の元　錦ヶ岡　大斎　西の郷　小熊　熊の山　下谷　仲三			○
弥栄町野坂（やさかちょうのさか）	（〃）	野坂	上野坂　下野坂			○
弥栄町田野原（やさかちょうたのはら）	（〃）	田野原	上田野原　下田野原			○

— 80 —

浜田市

町　名	旧市町村及び大字名		通　称	小字の区域		廃止済
				有		
				全域	一部	
弥栄町長安本郷	安城村(弥栄村)	長安本郷	寺組　宮組　本郷下			○
弥栄町三里	(〃)	三里	小角　横谷			○
弥栄町程原	(〃)	程原	程原下　程原上			○
弥栄町大坪	(〃)	大坪				○
弥栄町稲代	(〃)	稲代				○
弥栄町高内	(〃)	高内	日高　西河内			○
弥栄町門田	(〃)	門田	青尾　門田			○
弥栄町小坂	(〃)	小坂	畑　小坂			○
弥栄町栃木	(〃)	栃木	山賀　栃木			○
三隅町三隅	三隅村(三隅町)	三隅	元本町　大橋通り　栄町　海老谷　柳町 小野　岡崎　森溝			○
三隅町向野田	西隅村(〃)	向野田	日の原　田原　郷　海老谷　畑			○
三隅町河内	(〃)	河内	鹿子谷　下河内　用田橋　上河内　西方寺原			○
三隅町矢原	(〃)	矢原	郷　松柄　大辻　梅の木原			○
三隅町古市場	三保村(〃)	古市場	上古市　中組　門殿　下古市　古湊東 古湊西			○
三隅町湊浦	(〃)	湊浦	下町　瀬戸町　上町			○

浜田市

町名	旧市町村及び大字名		通称	小字の区域		
				有		廃止済
				全域	一部	
三隅町西河内 (みすみちょうさいごうち)	三保村(三隅町)	西河内	八曾 駅前 谷 福浦東 福浦西			○
三隅町岡見 (みすみちょうおかみ)	岡見村(〃)	岡見	松原 須津 青浦 中山郷			○
			板ヶ峠 栃ノ木 宮ヶ迫 西ノ谷			
三隅町井野 (みすみちょういの)	井野村(〃)	井野	周布地 大谷 市場 石浦 久根郷			○
			大口 上小原 下小原 東下今明 西下今明			
			上今明 諸谷			
三隅町室谷 (みすみちょうむろだに)	(〃)	室谷	上室谷 下室谷			○
三隅町芦谷 (みすみちょうあしだに)	(〃)	芦谷	倉掛 本谷 東中芦谷 西中芦谷 下芦谷			○
三隅町黒沢 (みすみちょうくろさ)	黒沢村(〃)	黒沢	的野郷 山賀 落合 沼の原 広瀬			○
			後山 長尾 櫟い原 込山平 久年平			
			桑原 向古賀用			
三隅町井川 (みすみちょういがわ)	(〃)	河内	乙原 鴛原 迫田 田屋の原			○
三隅町下古和 (みすみちょうしもこわ)	(〃)	下古和	倉谷 川平 井川 下辻郷			○
			市曾根 万ノ木原 出合 藤巻辻			
三隅町上古和 (みすみちょうかみこわ)	(〃)	上古和	古賀用 虫が谷 代の田辻 下辻			○
三隅町折居 (みすみちょうおり)	大麻村(〃)	折居	吉浦 今浦			○
三隅町東平原 (みすみちょうひがしひらばら)	(〃)	東平原	東平原上 東平原下			○

出雲市

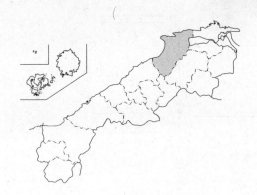

市 章
出雲市の「出」を表し、大空にはばたく鳥や、大きく手を広げる市民をイメージし、飛躍発展する出雲市を表している。

市の花　菊（きく）

市の木　黒松（くろまつ）

四季の花　春（サクラ、ツツジ）　夏（アジサイ）
　　　　　　秋（コスモス）　　　　冬（ツバキ）

人口等の状況	年月日	平成17.10.1	平成22.10.1	平成27.10.1
	人口（人）	173,751	171,485	171,938
	世帯数（世帯）	54,828	55,952	60,130
	面積（km²）	624.07	624.12	624.36

〈市名の由来〉

「出雲」という名称は、昭和16年2月、9町村合併の際、神国出雲、古代文化発祥の地出雲として知名度の高い名称であること、名称に包括性のあること、国鉄駅名が出雲今市であったことも考慮して名づけられたものであるが、「出雲」そのものの由来については、多くの説があり、定説をみていない。

〈沿　革〉

当市域は、古くから観光・商業・農業のまちとして発展してきた。

出雲地域では、室町期以降商業が発展し、明治43年の国道の開通、国鉄出雲今市駅の開設、大正期の大和紡績・郡是製糸・鐘紡紡績の3大繊維工場の操業開始等により、商工業の中心都市として体裁を整えてきた。

また、平田地域では、江戸期安永以降に雲州平田木綿を中心とする出雲木綿の集積地として栄えた。さらに、当地域に位置する智春上人の開山といわれる鰐淵寺は、院政期には都にまで聞こえた霊地で、平安期から南北朝期に栄華の花を咲かせ、出雲国内でも多くの崇敬を集めていた。

佐田地域には、スサノオノミコトが自らの御魂を鎮めたといわれる須佐神社があり、また、当地域は尼子、毛利両氏の大森銀山争奪戦の重要な舞台の一つでもあった。

多伎地域の久村、小田村などでは製塩が行われ、天保元年に民窯から松江藩の藩窯となった久村の窯からは、久村焼、長沢焼の良質な磁器が生産されていた。さらに明治〜大正にかけては木炭の生産が盛んであった。

湖陵地域においては、貞享3年、水害を除去するため差海川の開削が行われた。この差海川の開削は、莫大な新田開発にもつながった。また、早くから米麦農業から畑作を中心とする多角経営への努力がなされ、畜産、野菜、果樹の栽培が行われてきた。さらに神西湖、蛇池の美しい自然や温泉などの資源を生かして観光、レジャー産業の振興も図られてきた。

大社地域は出雲大社の門前町として古くから栄えた地域である。杵築では寛政8年千家俊信により梅酒舎塾が開塾され、山陽方面からも入門があり国学の振興を招いた。また、明治45年出雲今市〜大社間に鉄道が開通し、昭和5年に一畑電鉄大社神門駅が開業したことにより出雲大社への参拝者が増え、大社詣と観光のまちとして発展してきた。

斐川地域の基幹産業は米作を中心とする農業である。当地域の水田は概して湿田であったが、戦後のほ場整備により乾田化または半乾田化が進み、最近では大規模なほ場整備事業やかんがい配水事業が進められ優良な農地が創設された。これにより、近代的で生産性の高い農業経営が行われるようになり、出雲地域の穀倉地帯となっている。

出雲市は、平成17年3月に2市4町が合併し、さらに平成23年10月の斐川町との合併を経て人口は17万人を超え、山陰両県で3番目の都市となった。

本市は、製造品出荷額が島根県の40％を占め、農業産出額は県全体の25％を占めるなど、農業・工業・商業各産業が調和した地域である。同時に、出雲縁結び空港、出雲河下港、山陰自動車道と環日本海交流を担う交通拠点も備え、山陰有数の医療福祉拠点でもある。

また、「神話の國　出雲」として全国に知られ、出雲大社、荒神谷遺跡、西谷墳墓群などの歴史・文化遺産と、日本海、宍道湖、斐伊川などの豊かな自然に恵まれた地域である。

出雲市では、「大好き☆出雲！」を合言葉に、市民一人ひとりが出雲の魅力を再認識し、市内外に広く情報発信することにより、全国に誇れる都市、子どもたちや若者をはじめ、すべての市民が夢と希望を持てる「げんき、やさしさ、しあわせあふれる　縁結びのまち　出雲」の実現を目指している。

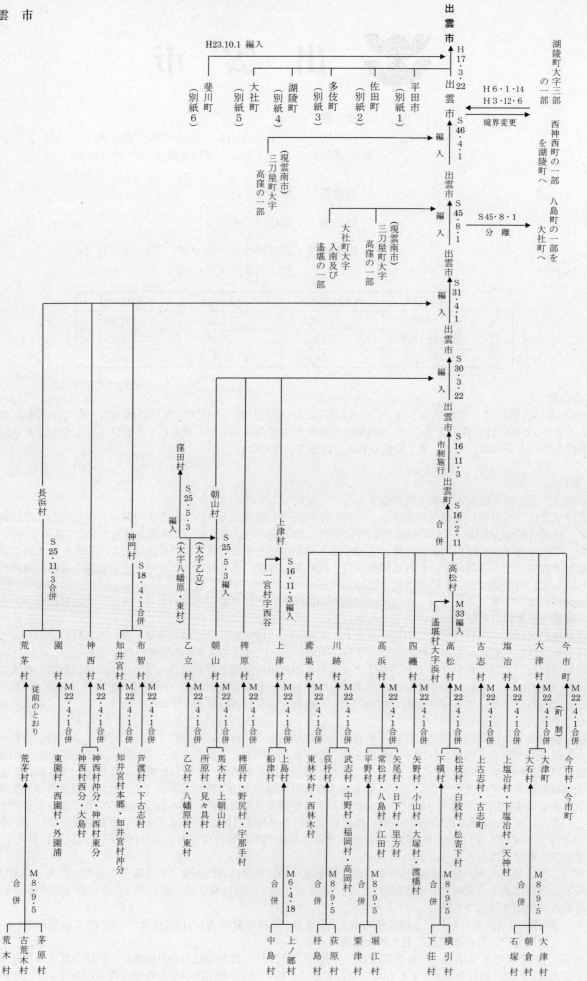

出雲市

(別紙1)

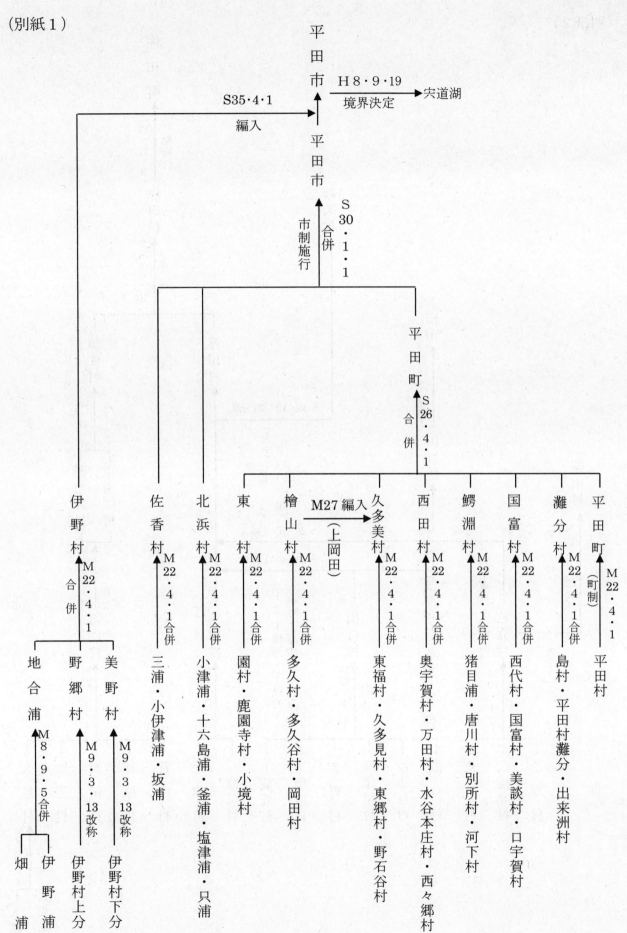

出雲市
（別紙2）

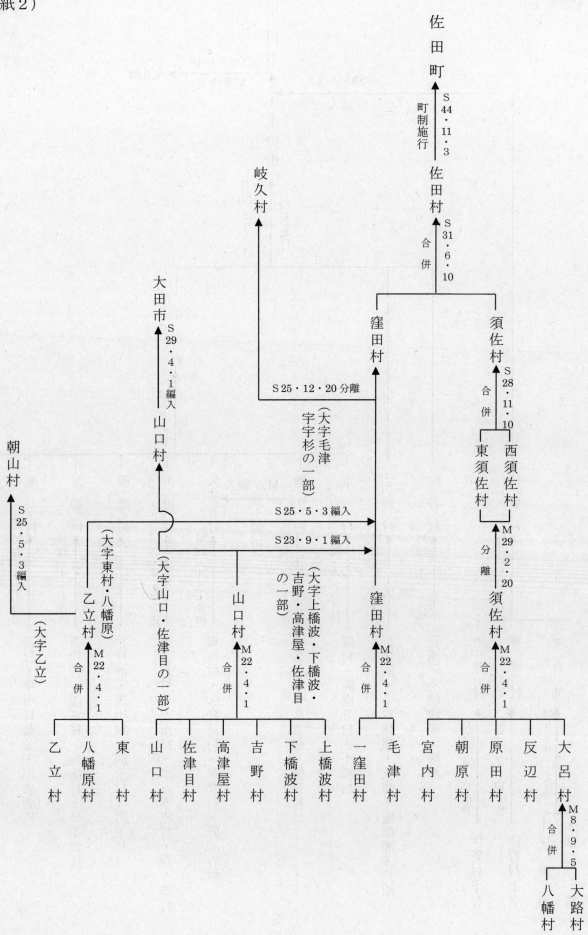

出雲市

（別紙3）

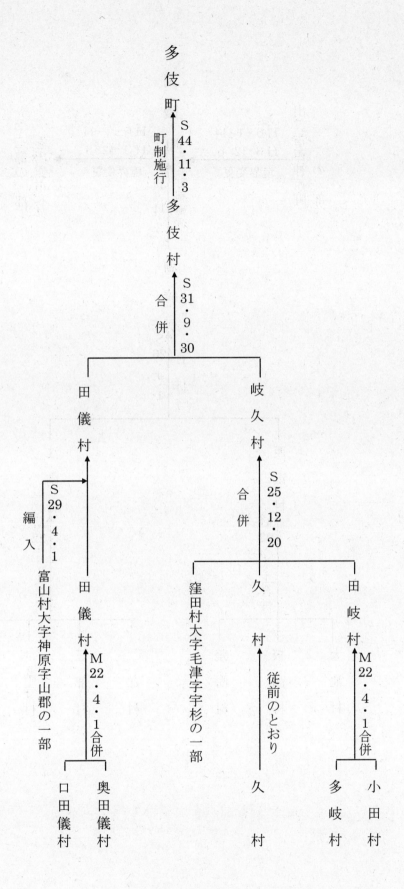

出雲市

（別紙4）

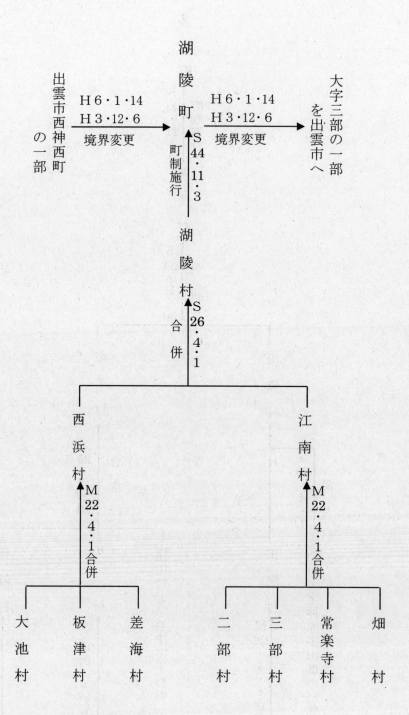

(別紙5)

出雲市

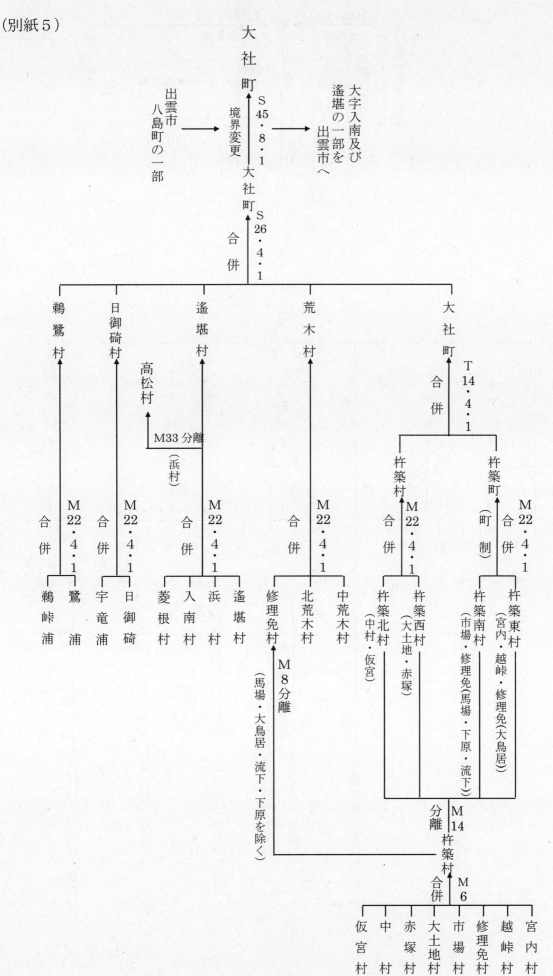

出雲市

（別紙6）

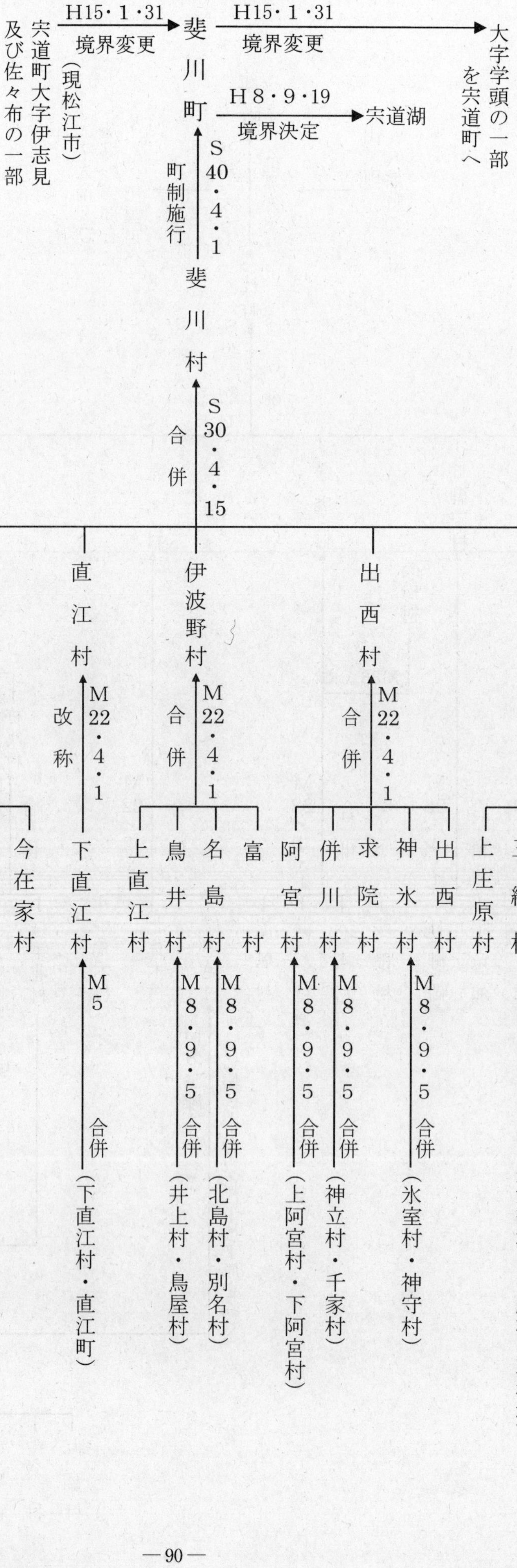

宍道町大字伊志見及び佐々布の一部（現松江市） ──H15・1・31 境界変更──→ 斐川町 ──H15・1・31 境界変更──→ 大字学頭の一部を宍道町へ

斐川町 ──H8・9・19 境界決定──→ 宍道湖

斐川町 ↑ S40・4・1 町制施行

斐川村 ↑ S30・4・15 合併

- 出東村 ↑ M22・4・1 合併
  - 坂田村
  - 三分市村
  - 黒目村
  - 中洲村
  - 沖洲村

- 久木村 ↑ M22・4・1 合併
  - 原鹿村 ↑ M8・9・5 合併（中原村・上鹿塚村）
  - 福富村
  - 南村
  - 今在家村

- 直江村 ↑ M22・4・1 改称
  - 下直江村 ↑ M5 合併（下直江村・直江町）

- 伊波野村 ↑ M22・4・1 合併
  - 上直江村
  - 鳥井村 ↑ M8・9・5 合併（井上村・鳥屋村）
  - 名島村 ↑ M8・9・5 合併（北島村・別名村）
  - 富村

- 出西村 ↑ M22・4・1 合併
  - 阿宮村 ↑ M8・9・5 合併（上阿宮村・下阿宮村）
  - 併川村 ↑ M8・9・5 合併（神立村・千家村）
  - 求院村
  - 神氷村 ↑ M8・9・5 合併（氷室村・神守村）
  - 出西村

- 荘原村 ↑ M22・4・1 合併
  - 上庄原村
  - 三纏村 ↑ M8・9・5 合併（武部村・吉成村・羽根村）
  - 下庄原村
  - 宇屋神庭村
  - 学頭村

市町村名			出 雲 市 (いずもし)	
市役所の位置		〒693-8530　出雲市今市町70番地	電話番号	0853-21-2211
	年月日	合体編入等の別	関係市町村名	
合併等の状況	昭16.11. 3	（市制）	（出雲市）	
	23. 9. 1	境界変更	山口村の一部（大字下橋波・上橋波・吉野・高津屋・佐津目の一部）を窪田村に	
	25. 5. 3	編　入	乙立村の一部（大字乙立）を朝山村に	
	〃	〃	乙立村の一部（大字東村・八幡原）を窪田村に	
	25.11. 3	合　体	園村・荒茅村（長浜村設置）	
	25.12.20	〃	田岐村・久村・窪田村の一部（大字毛津の一部）（岐久村設置）	
	26. 4. 1	〃	平田町・灘分村・国富村・鰐淵村・西田村・久多美村・檜山村・東村（平田町設置）	
	〃	〃	西浜村・江南村（湖陵村設置）	
	〃	〃	大社町・荒木村・日御碕村・鵜鷺村・遙堪村（大社町設置）	
	28.11.10	〃	東須佐村・西須佐村（須佐村設置）	
	29. 4. 1	編　入	富山村の一部（大字神原の一部）を田儀村に	
	30. 1. 1	合体市制	平田町・北浜村・佐香村（平田市設置）	
	30. 3.22	編　入	上津村・稗原村・朝山村	
	30. 4.15	合　体	荘原村・出西村・伊波野村・直江村・久木村・出東村（斐川村設置）	
	31. 4. 1	編　入	神門村・神西村・長浜村	
	31. 6.10	合　体	須佐村・窪田村（佐田村設置）	
	31. 9.30	〃	田儀村・岐久村（多伎村設置）	
	35. 4. 1	編　入	伊野村を平田市に	
	40. 4. 1	（町制）	斐川村（斐川町）	
	44.11. 3	（町制）	佐田村（佐田町）	
	〃	〃	多伎村（多伎町）	
	〃	〃	湖陵村（湖陵町）	
	45. 8. 1	境界変更	大社町の一部（大字入南及び遙堪の一部）	
	〃	〃	三刀屋町の一部（大字高窪の一部）	
	〃	〃	八島町の一部を大社町へ	
	46. 4. 1	〃	三刀屋町の一部（大字高窪の一部）	
	平 3.12. 6	〃	湖陵町大字三部の一部を出雲市へ、出雲市西神西町の一部を湖陵町へ	
	6. 1.14	〃	湖陵町大字三部の一部を出雲市へ、出雲市西神西町の一部を湖陵町へ	

出雲市

合併等の状況			
	8. 9.19	境界決定	宍道湖（松江市・平田市・玉湯町・宍道町・斐川町）
	15. 1.31	境界変更	斐川町大字学頭の一部を宍道町へ、宍道町大字伊志見及び佐々布の一部を斐川町へ
	17. 3.22	合体	出雲市・平田市・佐田町・多伎町・湖陵町・大社町
	23.10. 1	編入	斐川町

町名	旧市町村及び大字名	通称	小字の区域 有 全域	小字の区域 有 一部	廃止済
今市町	今市町（出雲市）	今市町 中町 新町 本町 中央通り 駅通り 鑑町 相生町 代官町 行幸町 東町 京町 二京町 三京町 中川町 塚根 宮の前 若葉町 小川町 扇町 上町 八雲町 恵美須町 半ヶ沢 加田町 東本通り 喜多町 境町 寺町 末広町 日吉町 一ノ谷 観音寺町 幸町 昭和町 真光町 武田町 元町 元宮町 御茶屋町 桜町 武内町		○	
今市町北本町一丁目	（〃）	今市町 大津 姫原			○
今市町北本町二丁目	（〃）	〃 〃 〃			○
今市町北本町三丁目	（〃）	〃 〃 〃			○
今市町北本町四丁目	（〃）	〃 〃 〃			○
今市町北本町五丁目	（〃）	〃 〃 〃			○
今市町南本町	（〃）	今市町 上塩冶 塩冶			○
駅北町	（〃）	今市町 塩冶			○
駅南町一丁目	（〃）	〃 〃			○
駅南町二丁目	（〃）	今市町			○
駅南町三丁目	（〃）	今市町 塩冶			○

出雲市

町　名	旧市町村及び大字名	通　称	小字の区域 有 全域	小字の区域 有 一部	廃止済
大津町（おおつちょう）	大津村（出雲市）	大津 北区　南区　切跡　薬師　本町 大正　大曲　上成　町上　下大津 昭栄　山廻　上来原　下来原　長者原 至誠　元町　明休　睦　暁　朝日 枝大津　枝新町　音羽　北新町　雲根 寿　栄　清水　中町　中山　光 南新町　向薬師　七面山　神田　西谷 大石	○		
大津新崎町一丁目（おおつしんざきちょういっちょうめ）	〃（〃）	〃			○
大津新崎町二丁目	〃（〃）	〃			○
大津新崎町三丁目	〃（〃）	〃			○
大津新崎町四丁目	〃（〃）	〃			○
大津新崎町五丁目	〃（〃）	〃			○
大津新崎町六丁目	〃（〃）	〃			○
大津新崎町七丁目	〃（〃）	〃			○
大津朝倉一丁目（おおつあさくらいっちょうめ）	〃（〃）	大津　姫原			○
大津朝倉二丁目	〃（〃）	〃　〃			○
大津朝倉三丁目	〃（〃）	大津			○
枝大津町（えだおおつちょう）	〃（〃）	大津　中野		○	
上塩冶町（かみえんやちょう）	塩冶村（〃）	上塩冶 菅沢　半分　築山　宮松　下沢 向山		○	
築山新町（つきやましんまち）	〃（〃）	〃	○		
塩冶町（えんやちょう）	〃（〃）	塩冶 揚　弓原　高西　玉津　海上 大正　有楽　向市場　高栄　西本町 三軒家		○	
塩冶有原町一丁目（えんやありはらちょういっちょうめ）	〃（〃）	塩冶　天神			○
塩冶有原町二丁目	〃（〃）	〃　〃			○
塩冶有原町三丁目	〃（〃）	〃　〃			○
塩冶有原町四丁目	〃（〃）	〃　〃			○
塩冶有原町五丁目	〃（〃）	〃　〃			○

出雲市

町名	旧市町村及び大字名	通称	小字の区域 有 全域	小字の区域 有 一部	廃止済
塩治有原町六丁目 (えんやありはらちょうろくちょうめ)	塩治村 (出雲市)	塩治 天神			○
天神町 (てんじんちょう)	〃 (〃)	天神		南天神　北天神	○
塩治町南町一丁目 (えんやちょうみなみまちいっちょうめ)	〃 (〃)	塩治 上塩治 上古志			○
塩治町南町二丁目 (えんやちょうみなみまちにちょうめ)	〃 (〃)	〃 〃 〃			○
塩治町南町三丁目 (えんやちょうみなみまちさんちょうめ)	〃 (〃)	〃 〃 〃			○
塩治町南町四丁目 (えんやちょうみなみまちよんちょうめ)	〃 (〃)	〃 〃 〃			○
塩治町南町五丁目 (えんやちょうみなみまちごちょうめ)	〃 (〃)	〃 〃 〃			○
塩治神前一丁目 (えんやかんまえいっちょうめ)	〃 (〃)	塩治			○
塩治神前二丁目 (えんやかんまえにちょうめ)	〃 (〃)	〃			○
塩治神前三丁目 (えんやかんまえさんちょうめ)	〃 (〃)	〃			○
塩治神前四丁目 (えんやかんまえよんちょうめ)	〃 (〃)	塩治 上塩治			○
塩治神前五丁目 (えんやかんまえごちょうめ)	〃 (〃)	〃			○
塩治神前六丁目 (えんやかんまえろくちょうめ)	〃 (〃)	〃			○
医大南町一丁目 (いだいみなみまちいっちょうめ)	〃 (〃)	上塩治			○
医大南町二丁目 (いだいみなみまちにちょうめ)	〃 (〃)	塩治 上塩治			○
医大南町三丁目 (いだいみなみまちさんちょうめ)	〃 (〃)	塩治 上塩治 上古志			○
塩治原町一丁目 (えんやはらまちいっちょうめ)	〃 (〃)	塩治			○
塩治原町二丁目 (えんやはらまちにちょうめ)	〃 (〃)	〃			○
塩治原町三丁目 (えんやはらまちさんちょうめ)	〃 (〃)	塩治 古志			○
塩治善行町 (えんやぜんこうちょう)	〃 (〃)	今市町 塩治			○
古志町 (こしちょう)	古志村 (〃)	上古志	上新宮　下新宮　本郷　町　德連　井上　舟本　宇賀　夕日ヶ丘	○	
高松町 (たかまつちょう)	高松村 (〃)	松枝	北原　井手分　三作　若宮　浜子　曲松　駅前　三出　池向　大披	○	

出雲市

町名	旧市町村及び大字名		通称	小字の区域 有 全域	小字の区域 有 一部	廃止済
白枝町（しろえだちょう）	高松村（出雲市）	白枝	井原　原土手　白原　北組／中組　上組　白一		○	
松寄下町（まつよりしもちょう）	〃	松寄下	余付　余小路　稲葉　朝山　鳥居田／中横引　川成　八幡		○	
浜町（はまちょう）	〃	浜	砂子田　島田　南浜		○	
下横町（しもよこちょう）	〃	下横	横引　砂入　波美入		○	
小山町（おやまちょう）	四纒村	小山	中ノ島　築山　関屋　小神　茅原／下口		○	
姫原町（ひめばらちょう）	〃	姫原	小林　上の島　中の島　間原		○	
姫原一丁目（ひめばらいっちょうめ）	〃	〃				○
姫原二丁目（ひめばらにちょうめ）	〃	〃				○
姫原三丁目（ひめばらさんちょうめ）	〃	〃				○
姫原四丁目（ひめばらよんちょうめ）	〃	大津　姫原　大塚				○
大塚町（おおつかちょう）	〃	大塚			○	
渡橋町（わたりはしちょう）	〃	渡橋	沖渡橋　有原　蔵小路　渡橋		○	
矢野町（やのちょう）	〃	矢野	矢野　井原　胡麻田		○	
矢尾町（やびょう）	高浜村	矢尾	客垣谷　神門谷　安田谷　天王山　熊見谷／廻田谷		○	
日下町（くさかちょう）	〃	日下			○	
里方町（さとがたちょう）	〃	里方	別所　本郷		○	
平野町（ひらのちょう）	〃	平野	上平　下平		○	
常松町（つねまつちょう）	〃	常松	境　大鳥		○	
江田町（えたちょう）	〃	江田			○	
八島町（やしまちょう）	〃	八島			○	
武志町（たけしちょう）	川跡村	武志	昭栄　沖下　第一　第二　第三／北　東　西　南　中組　寺小路　新西／北山団地　若葉　川跡駅前　鹿島　神北／団地　新北　学園通り　平成　学北／短大南		○	

— 95 —

出雲市

町名	旧市町村及び大字名	通称	小字の区域 有 全域	小字の区域 有 一部	廃止済
中野町 （なかのちょう）	川跡村（出雲市）	中野　中程原　上　竿井手　寺　寺西　共和　陽南　南　新生　程原団地　桂原団地　本町		○	
中野美保北一丁目	（〃）	〃			○
中野美保北二丁目	（〃）	〃			○
中野美保北三丁目	（〃）	〃			○
中野美保南一丁目	（〃）	大津　中野		○	
中野美保南二丁目	（〃）	中野			○
中野美保南三丁目	（〃）	大津　中野			○
稲岡町	（〃）	稲岡	協生　宮の島　大年　北陽		○	
高岡町	（〃）	高岡	烏森　旭　誠実　協和　大日　竿井手　上　中　東　西　中央　前原　高西団地　南　そよかぜ　さつき		○	
荻杼町	（〃）	荻杼	報徳　第一　第二　第三　第五　第六　第七　東　西　団地		○	
上島町	上津村（〃）	上島	和久輪　森坂　丸ヶ谷　奥井谷　三田谷　延畑　中央　上ヶ　大谷		○	
船津町	（〃）	船津	菅原　上ヶ　原		○	
西谷町	一宮村（〃）	西谷			○	
稗原町	稗原村（〃）	稗原	仏谷　上山寄　角谷　杉尾　殿畑　清谷　堂山　三坂		○	
宇那手町	（〃）	宇那手	西谷　右谷　平林　廻		○	
野尻町	（〃）	野尻	牛尾　岩根　山後　廻田		○	
朝山町	朝山村（〃）	上朝山	朝山　西田		○	
所原町	（〃）	所原	知谷　桜木村　安谷　殿森　大月　須原　堂原		○	
見々久町	（〃）	見々具	見々久　御方　畑　段		○	
馬木町	（〃）	馬木			○	
馬木北町	（〃）				○

— 96 —

出雲市

町名	旧市町村及び大字名	通称	小字の区域 有 全域	小字の区域 有 一部	廃止済
乙立町（おったちちょう）	乙立村（出雲市）	乙立	立久恵　森原　田代　見田原　殿川内　向名		○
芦渡町（あしわたちょう）	神門村（〃）	芦渡	保知石上　油井分　本郷　元坪　保知石三　保知石一　保知石二		○
知井宮町（ちいみやちょう）	〃（〃）	知井宮 本郷	嘉儀　町　浅柄　真幸ヶ丘　保知石　北組　中組　両下　栄　間谷		○
神門町（かんどちょう）	〃（〃）	〃	東谷　沖中　沖下　沖上		○
下古志町（しもごしちょう）	〃（〃）	下古志	下組　上北　上組　地蔵堂　天神原		○
西新町一丁目（にししんまちいっちょうめ）	〃（〃）	芦渡 知井宮			○
西新町二丁目（にししんまちにちょうめ）	〃（〃）	〃			○
西新町三丁目（にししんまちさんちょうめ）	〃（〃）	知井宮			○
西神西町（にしじんざいちょう）	神西村（〃）	神西西分	九景　鳥目　田中　恵比須　市場　坂本		○
東神西町（ひがしじんざいちょう）	〃（〃）	神西東分	麓崎原　東組　中組　西組		○
神西沖町（じんざいおきちょう）	〃（〃）	神西沖分	小浜　山地　引舟　原　蛇島　沖川		○
神西新町（じんざいしんまち）	〃（〃）	神西西分 神西東分			○
大島町（おおじまちょう）	〃（〃）	大島	吉場　砂山　下組　中組		○
荒茅町（あらかやちょう）	荒茅村（〃）	荒茅	下向　植松　茅原　上組　中組　北組　上向　下組		○
東園町（ひがしぞのちょう）	園村（〃）	東園	北園　中南		○
西園町（にしぞのちょう）	〃（〃）	西園	原分　境島　崎屋　高見　向原　下長浜　上長浜		○
外園町（そとぞのちょう）	〃（〃）	外園			○
長浜町（ながはまちょう）	荒茅村 〃（〃）	荒茅 東園 西園			○
平成町（へいせいちょう）	（〃）				○
東林木町（ひがしはやしぎちょう）	鳶巣村（〃）	東林木	大寺谷　門前谷　阿土谷　湯屋谷　浜　前口		○
西林木町（にしはやしぎちょう）	〃（〃）	西林木	中組　前組　奥之谷　東組　沖		○

出雲市

町名	旧市町村及び大字名		通称	小字の区域 有 全域	小字の区域 有 一部	廃止済
平田町（ひらたちょう）	平田町（平田市）		市場　北本町　茶町　中本町　南本町 西町　中町　上田町　一番町　上田町上 京町　若松町　古土手　本田　金築 寺町　南寺町　南中町　南町　藪ノ町東 栄町　若葉町　古川町　東本町　幸町 元町　宮ノ町　末広町　宮西町　宮西町西 宮西町南　上ノ島　桃山町　愛宕町　袋町 片原町　新町　旭町　薬師町　中ノ島上 御茶屋町　灘町　大倉町　昭和町　中ノ島中 船田　中ノ島東　中筋上　中筋下　三和 東阿　中央　新田下　平成東　平成西 東平田　さつき町　興友	○		
西平田町（にしひらたちょう）	（〃）		相生町　寿町　あけぼの町　美土里　蓮田		○	
灘分町（なだぶんちょう）	灘分村（平田市）	平田灘分出来洲	川下　朝日　瑞穂　日の出　品川 古川　上古川　多島　中ノ須　泉 上町　横手　下古川　浜ノ場西　浜ノ場東 新和　多久和　上出来洲　新田前　新田後 小島西　小島東　下出来洲　西灘　駅南 東駅南　緑団地　美咲　弥生		○	
	（〃）	島村	川北　協和			
島村町（しまむらちょう）	（〃）	〃	島村上　新組　中正　島村下		○	
出島町（でじまちょう）	（〃）	島村 出来洲				○
美談町（みだみちょう）	国富村（〃）	美談	西谷上　西谷前　上口西　上口東　仲田 浜子西　浜子東　東谷前　東谷中　東谷上 美談住宅		○	
西代町（にしだいちょう）	（〃）	西代	上組西　上組東　中筋西　中筋東　古川西 古川中　古川東　新川東　新川南　中筋北		○	

出雲市

町名	旧市町村及び大字名		通称	小字の区域 有 全域	小字の区域 有 一部	廃止済
国富町（くにどみちょう）	国富村（平田市）	国富	緑団地（みどりだんち）　青葉団地（あおばだんち）　馬伏西（ばぶしにし）　馬伏東（ばぶしひがし）　上ゲ島西（あげしまにし） 国富四（くにどみよん）　大榎（おおえのき）　仲川西（なかがわにし）　仲川中（なかがわなか）　国富東（くにどみひがし） 中村1（なかむらいち）　中村2（なかむらに）　中村3（なかむらさん）　中村4（なかむらよん）　中村5（なかむらご） 金山下（かなやましも）　金山中（かなやまなか）　金山上（かなやまかみ）		○	
口宇賀町（くちうがちょう）	〃	口宇賀	上の島上（かみのしまかみ）　上の島下（かみのしましも）　寺内西（てらうちにし）　寺内東（てらうちひがし） 下の島北（しものしまきた）　下の島中（しものしまなか）　堀越（ほりこし）		○	
西郷町（さいごうちょう）	西田村（〃）	西々郷	小池（こいけ）　奈良尾（ならお）　表（おもて）　西谷上（にしたにかみ）　西谷下（にしたにしも）		○	
本庄町（ほんじょうちょう）	〃	本庄	庵地（いおち）　大歳（おおとし）　松原（まつばら）　西谷（さいだに）　水谷上（みずたにかみ） 水谷下（みずたにしも）		○	
万田町（まんだちょう）	〃	万田	森崎（もりさき）　中西（なかにし）　大谷（おおだに）　千本（せんぼん）　尾添（おぞえ） 刈山（かりやま）　庄大（しょうだい）　湯屋谷（ゆやだに）　深山（みやま）　峠（とうげ）		○	
奥宇賀町（おくうがちょう）	〃	奥宇賀	納木（のうき）　樋之谷（ひのだに）　光尾下（みつおしも）　光尾上（みつおかみ）　和田上（わだかみ） 和田中（わだなか）　和田下（わだしも）　布勢上（ふせかみ）　布勢灘（ふせなだ）		○	
河下町（かわしもちょう）	鰐淵村（〃）	河下	灘平（なだひら）　中町（なかまち）　報徳（ほうとく）　親睦（しんぼく）		○	
別所町（べっしょちょう）	〃	別所	別所（べっしょ）		○	
唐川町（からかわちょう）	〃	唐川	唐川（からかわ）		○	
猪目町（いのめちょう）	〃	猪目	猪目（いのめ）		○	
東郷町（とうごうちょう）	久多美村（〃）	東郷	東下（ひがししも）　日の出（ひので）　西上（にしかみ）　西下（にししも）		○	
東福町（とうふくちょう）	〃	東福	浜（はま）　牧戸（まきど）　牧戸南団地（まきどみなみだんち）　牧戸西団地（まきどにしだんち） 牧戸新団地（まきどしんだんち）　牧戸東団地（まきどひがしだんち）　雇用促進住宅（こようそくしんじゅうたく）　槙戸中（まきどなか） 明川（みょうかわ）　里美（さとみ）　臼井（うすい）　中組（なかぐみ）　作暮（さくぼ） 茅原（かやはら）　吉原（よしはら）　美原（みはら）　川北（かわきた）　輪の内西（わのうちにし） 輪の内東（わのうちひがし）　東小町（ひがしこまち）		○	
久多見町（くたみちょう）	〃	久多見	久多見（くたみ）		○	
野石谷町（のいしだにちょう）	〃	野石谷	坂坊（さかぼう）　伊儀（いぎ）　上寄（かみより）　佐藤（さとう）		○	
上岡田町（かみおかだちょう）	〃	上岡田	上岡田下（かみおかだしも）　上岡田中（かみおかだなか）　上岡田上（かみおかだかみ）　ミレニアムタウン（みれにあむたうん）		○	
岡田町（おかだちょう）	檜山村（〃）	岡田	飯山（いいやま）　岡田中（おかだなか）　岡田上（おかだかみ）　立正（りっしょう）　岡田灘（おかだなだ）		○	
多久谷町（たくだにちょう）	〃	多久谷	多久谷灘（たくだになだ）　中ノ手西（なかのてにし）　遠所（えんじょ）　別所下（べっしょしも）　別所上（べっしょかみ） 奥上（おくがみ）　畑（はた）　中ノ手東（なかのてひがし）		○	

— 99 —

出 雲 市

町　名	旧市町村及び大字名	通　称					小字の区域		
							有		廃止済
							全域	一部	
多久町(たくちょう)	檜山村(平田市)	多久	苅藻谷(かりもだに)	多久上(たくかみ)	多久中(たくなか)	平谷(ひらだに)	寺谷(てらだに)		○	
			大灘(おおなだ)	上灘(あげなだ)	日の出(ひので)	旭が丘(あさひがおか)	鳴竹(なるたけ)			
園町(そのちょう)	東村(〃)	園	布崎西(ぬのざきにし)	布崎南(ぬのざきみなみ)	布崎上(ぬのざきかみ)	布崎栄(ぬのざきさかえ)	布崎中央(ぬのざきちゅうおう)		○	
			山谷(やまだに)	合ヶ谷(あいがだに)	本郷灘(ほんごうなだ)	本郷下(ほんごうしも)	本郷中(ほんごうなか)			
			若葉(わかば)	扇町(おおぎまち)	本郷上(ほんごうかみ)	さつきが丘(さつきがおか)				
鹿園寺町(ろくおんじちょう)	(〃)	鹿園寺	下東(しもひがし)	中央下(ちゅうおうしも)	中央上(ちゅうおうかみ)	繁門(はんど)	上川西(かみかわにし)		○	
			上奥(かみおく)	東が丘(ひがしおか)						
小境町(こざかいちょう)	(〃)	小境	小境灘(こざかいなだ)	東下(ひがししも)	東上(ひがしかみ)	中条(なかすじ)	小境西(こざかいにし)		○	
			中ノ手下(なかのてしも)	中ノ手中(なかのてなか)	中ノ手上(なかのてかみ)	胡麻谷(ごまだに)				
			北垣後山(きたがきうしろやま)	北垣殿宮(きたがきとのみや)	一畑駅前(いちはたえきぜん)	北垣中(きたがきなか)				
			北垣上(きたがきかみ)	北垣上東(きたがきかみひがし)	東が丘市営住宅(ひがしがおかしえいじゅうたく)					
			県営小境団地(けんえいこざいだんち)							
小津町(こづちょう)	北浜村(〃)	小津	相代(あいしろ)	宮ノ町(みやのちょう)	本町(ほんまち)	中町(なかまち)	栄町(さかえまち)		○	
			灘町(なだまち)							
十六島町(うっぷるいちょう)	(〃)	十六島	森石(もりいし)	若宮(わかみや)	中町(なかまち)	高島(たかしま)	浜町(はままち)		○	
			西町(にしまち)	上組(かみぐみ)	宮之町(みやのちょう)	港町(みなとまち)				
釜浦町(かまうらちょう)	(〃)	釜浦	西町(にしまち)	東町(ひがしまち)					○	
塩津町(しおつちょう)	(〃)	塩津	向浦(むこうら)	上町(かみまち)	大浦(おおうら)				○	
美保町(みほちょう)	(〃)	唯浦	上町(かみまち)	灘町(なだまち)					○	
三津町(みつちょう)	佐香村(〃)	三浦	西谷上(にしたにかみ)	西谷下(にしたにしも)	中村西(なかむらにし)	中村東(なかむらひがし)	大平(おおひら)		○	
			寺の前(てらのまえ)	西川(にしかわ)	後小路(うしろこうじ)	中小路上(なかこうじかみ)	中小路下(なかこうじしも)			
			前川上(まえかわかみ)	前川下(まえかわしも)	川向(かわむこう)					
小伊津町(こいづちょう)	(〃)	小伊津	菅沢(すげさわ)	西小路第一(にしこうじだいいち)	西小路第二(にしこうじだいに)	上小路第一(かみこうじだいいち)			○	
			上小路第二(かみこうじだいに)	地下小路第一(じげこうじだいいち)	地下小路第二(じげこうじだいに)					
			橋向小路第一(はしむこうじだいいち)	橋向小路第二(はしむこうじだいに)	住宅(じゅうたく)	後山小路(うしろやまこうじ)				
			小伊津ヶ丘(こいづがおか)							
坂浦町(さかうらちょう)	(〃)	坂浦	田ノ戸(たのと)	立石(たていし)	庄部第一(しょうぶだいいち)	庄部第二(しょうぶだいに)			○	
			繁田黒目(しげたくろめ)	竹ノ上(たけのうえ)	上組(かみぐみ)	灘前組(なだまえぐみ)	宮小路(みやこうじ)			
			下小路(しもこうじ)	柳谷(やなぎだに)						

出雲市

町名	旧市町村及び大字名		通称	小字の区域 有 全域	小字の区域 有 一部	廃止済
美野町（よしのちょう）	伊野村（平田市）	美野	西上　西灘　畑ヶ中　大谷　引木 高山　よしの団地		○	
野郷町（のざとちょう）	（〃）	野郷	畑　堂ノ本　金森　三ノ谷　松枝 大畑　中ノ手		○	
地合町（じごうちょう）	（〃）	地合	西地合　東地合		○	
佐田町須佐（さだちょうすさ）	東須佐村（佐田町）	宮内	山中　飼領　佐田　御田		○	
佐田町原田（さだちょうはらだ）	（〃）	原田	稲田　白滝　三代			○
佐田町朝原（さだちょうあさばら）	（〃）	朝原	郷　寺尾　三槙　寺領　名梅		○	
佐田町大呂（さだちょうおおろ）	西須佐村（〃）	大呂	東山中　上組　三の宮　八幡　大山 御幡			○
佐田町反辺（さだちょうたんべ）	（〃）	反辺	平田　別所　本郷　町　慶正 呑水　淀西		○	
佐田町八幡原（さだちょうやわたばら）	乙立村（〃）	八幡原	川南上　和江島　川北上　川北下		○	
佐田町東村（さだちょうひがしむら）	（〃）	東村	萱野　受地　東本郷		○	
佐田町一窪田（さだちょうひとくぼた）	窪田村（〃）	一窪田	原川　栗原　飯の原　五谷　旭栄 加賀谷　菅田　豊田　仁江　共和 石場　錦			○
佐田町毛津（さだちょうけづ）	（〃）	毛津	毛津本郷　後谷		○	
佐田町佐津目（さだちょうさつめ）	山口村（〃）	佐津目	下佐津目　中佐津目			○
佐田町高津屋（さだちょうたかつや）	（〃）	高津屋			○	
佐田町下橋波（さだちょうしもはしなみ）	（〃）	下橋波	宮の部　日の出		○	

— 101 —

出 雲 市

町　名	旧市町村及び大字名		通　称	小字の区域		
				有		廃止済
				全域	一部	
佐田町上橋波（さだちょうかみはしなみ）	山口村（佐田町）	上橋波	横見（よこみ）　門曲（もんまがり）		○	
佐田町吉野（さだちょうよしの）	（〃）	吉野			○	
多伎町神原（たきちょうかんばら）	富山村（多伎町）	神原	山郡（やまごおり）			○
多伎町奥田儀（たきちょうおくだぎ）	田儀村（〃）	奥田儀	宮本（みやもと）　大須（おおす）　針戸（はりど）　蔵谷（くらや）　智呑（ちのみ） 川西（かわにし）　小原（こばら）			○
多伎町口田儀（たきちょうくちだぎ）	（〃）	口田儀	中郡（なかごおり）　塚之尾谷（つかのをだに）　越堂（こえどう）　港町（みなとまち）　本町（ほんまち） 東本町（ひがしほんまち）　竹の上（たけのうえ）　田儀余草（たぎよそう）			○
多伎町小田（たきちょうおだ）	田岐村（〃）	小田	小田西（おだにし）　後畑（うしろばた）　菅沢（すげさわ）　西明（にしあかし）　頭名（ずな） 小田東（おだひがし）　小田町（おだまち）　山の空（やまのそら）　恵堂（えどう）　小田町上（おだまちかみ） 旧道（きゅうどう）　高木（たかぎ）			○
多伎町多岐（たきちょうたき）	（〃）	多岐	駅前（えきまえ）　砂原（すなばら）　多岐中央（たきちゅうおう）　大西（おおにし）　宇杉（うすぎ） 沖代（おきだい）			○
多伎町久村（たきちょうくむら）	久村（〃）	久村	上ゲ（あげ）　久村町上（くむらまちかみ）　久村町下（くむらまちしも）　中砂子（なかすなご）　浜（はま） 向下（むこうしも）　向上（むこうかみ）　新道（しんどう）　福志原（ふくしばら）			○
湖陵町大池（こりょうちょうおおいけ）	西浜村（湖陵町）	大池	蛇池（じゃいけ）　滝ノ上（たきのうえ）　赤羽根（あかばね）　西北（にしきた）　荒神（こうじん） 灘町（なだまち）　明神（みょうじん）　本川（ほんかわ）　川上（かわかみ）　清水（しみず） 川下（かわしも）　中央（ちゅうおう）　台場（だいば）　水上（みずかみ）　大池中組（おおいけなかぐみ） 夕日ヶ丘住宅（ゆうひがおかじゅうたく）　夕日ヶ丘（ゆうひがおか）　夕日ヶ丘南（ゆうひがおかみなみ）			○
湖陵町板津（こりょうちょういたづ）	（〃）	板津	上東（かみひがし）　上西（かみにし）　下組（しもぐみ）　後組（うしろぐみ）　東組（ひがしぐみ）			○
湖陵町差海（こりょうちょうさしみ）	（〃）	差海	石谷東（いしだにひがし）　石谷南（いしだにみなみ）　石谷西（いしだににし）　石谷中（いしだになか）　空口（そらぐち） 空組（そらぐみ）　西部（せいぶ）　中組（なかぐみ）　上空（かみそら）　北組（きたぐみ） 川前（かわまえ）　奥東（おくひがし）　奥西（おくにし）　蛇島東（じゃじまひがし）　蛇島西（じゃじまにし） 蛇島南（じゃじまみなみ）　石谷中央（いしだにちゅうおう）			○
湖陵町畑村（こりょうちょうはたむら）	江南村（〃）	畑村	上畑（かんばた）　中畑（なかばた）　下畑（しもばた）			○

出雲市

町　名	旧市町村及び大字名		通　称	小字の区域 有		廃止済
				全域	一部	
湖陵町常楽寺	江南村(湖陵町)	常楽寺	西上　西下　東　常楽寺団地			○
湖陵町三部	(〃)	三部	三部上　三部中　三部下　倉道　駅通 駅西　駅前東　竹崎 メゾンマルゼン……(東三部)　中島1　中島2 安原1　安原2　安原3　湖南……(西三部)			○
湖陵町二部	(〃)	二部	姉谷南上　姉谷南下　姉谷東上　姉谷東下 姉谷西　姉谷北　姉谷下　姉谷中 恵美須……(姉谷)　後谷上　後谷下……(後谷) 砂子東　砂子南　砂子西　砂子北 美能留荘……(砂子)			○
大社町杵築東	大社町(大社町)	杵築東	真名井　宮内　大鳥居　中町　元町 四ツ角　富屋町　御宮通　宮西町　鍛冶町 東立小路		○	
大社町杵築南	(〃)	杵築南	神門前　神門中　神門南　神門西　小学校前 中学校前　馬場西　馬場西中　馬場中　馬場北 馬場東中　馬場東　昭和町　朝日町　正門西 上玄光院　下玄光院　本町　坪の内　横町 市場北　市場中　市場南　市場東　四本松北 四本松中　四本松南　四本松東　南本通		○	
大社町杵築西	(〃)	杵築西	湊原　赤塚一　赤塚二　赤塚三　赤塚四 住吉町　小土地一南　小土地一北　小土地二 小土地三　上大土地　下大土地　永徳寺坂 西立小路　山内団地		○	
大社町杵築北	(〃)	杵築北	新町　東新町　山根　中村町　上中村 仮の宮一南　仮の宮一北　仮の宮二　仮の宮三 仮の宮四　仮の宮五　仮の宮六　稲佐		○	

出雲市

町　名	旧市町村及び大字名		通　称	小字の区域		
				有		廃止済
				全域	一部	
大社町北荒木	荒木村(大社町)	北荒木	川方南　川方北　川方西　駅通一　中筋 上北南一　上北南二　上北東　上北中一 上北中二　上北上　上北西　パークヒルズ浜山 教職員住宅　浜山台　タウン北荒木		○	
大社町修理免	(〃)	修理免	南原東　南原西　西原　駅通二　駅通三 中の島　原町　上原　本郷東　本郷西		○	
大社町中荒木	(〃)	中荒木	浜根　小丸子　恵美須　唐島　一文橋 大梶　四軒家南　四軒家北　新浜　中筋南 中荒木宿舎		○	
大社町遙堪	遙堪村(〃)	遙堪	繁の谷　阿式谷　極楽山　樽戸谷　鎌代 西湯屋谷　沖町　東湯屋谷　花摘　谷山下 谷山上　石臼　見崎		○	
大社町入南	(〃)	入南	入南上　入南中　入南西　浜下　鑓ヶ崎東 鑓ヶ崎西　鑓ヶ崎南　鑓ヶ崎北		○	
大社町菱根	(〃)	菱根	菱根西　河原谷　菱根中　三十歩山　菱根上 原東　小松原　原西		○	
大社町日御碕	日御碕村(〃)	日御碕	灯台　宮前一　宮前二　恵比須　中山西 中山東		○	
大社町宇龍	(〃)	宇龍	東上町　東中町　東下町　中平町　田町 東田町　西町　新町		○	
大社町鷺浦	鵜鷺村(〃)	鷺浦	鷺浦一　鷺浦二　鷺浦三　鷺浦四		○	
大社町鵜峠	(〃)	鵜峠	鵜峠五　鵜峠六		○	
斐川町学頭	荘原村(斐川町)	学頭	上学頭　北組　綿田原　北筋　北灘 大倉　大倉東　灘南　灘北　駅通り 軍原　新原　大井　大井上　みはらし 新田畑　石川　湯の丘		○	

出雲市

町　名	旧市町村及び大字名		通　称					小字の区域		
								有		廃止済
								全域	一部	
斐川町荘原 (ひかわちょうしょうばら)	荘原村(斐川町)	下庄原	御射山	新橋	横町	協和	南本町		○	
			南灘	汽船町	中本町	中灘	中之町			
			共栄	喜多	川東	栄町	北本町			
			北新町	新生町	幸町	新南町	新生本町			
			東町	和泉町	東本町1	東本町2				
			日ノ出町	新田上	空港西	新田下	下新川			
			湖西	島灘	八雲東	八雲西	八雲南			
			川北上	中央西	中央東	美幸町	信和町			
			東信和町	旭町北	南旭町	サンコーポラス1				
			サンコーポラス2	グリーンタウン	荘原団地1					
			荘原団地2	荘原団地3	フラワータウン					
斐川町神庭 (ひかわちょうかんば)	(〃)	宇屋神庭	宇屋谷	神庭谷	中溝	前原	西谷		○	
斐川町三絡 (ひかわちょうみつがね)	(〃)	三纏	羽根東	羽根西	武部東	武部西	吉成		○	
斐川町上庄原 (ひかわちょうかみしょうばら)	(〃)	上庄原	南田波	神田	馬役	北田波	新川		○	
			新晃							
斐川町阿宮 (ひかわちょうあぐ)	出西村(〃)	阿宮	上阿宮1	上阿宮2	上阿宮3	上阿宮4				○
			下阿宮1	下阿宮2	下阿宮3					
斐川町出西 (ひかわちょうしゅっさい)	(〃)	出西	上出西1	上出西2	中出西1	中出西2			○	
			中出西3	中出西4	中出西5	中出西6				
			中出西7	下出西1	下出西2	下出西3				
			下出西4	下出西5	下出西6	下出西7				
			下出西8	下出西9	下出西10					
斐川町神氷 (ひかわちょうかんび)	(〃)	神氷	氷室1	氷室2	氷室3	氷室4	氷室5		○	
			氷室6	神守1	神守2	神守3	神守4			
			神守5							
斐川町求院 (ひかわちょうぐい)	(〃)	求院	求院1	求院2	求院3	求院4	求院5		○	

出雲市

町　名	旧市町村及び大字名		通　称	小字の区域		廃止済
				有		
				全域	一部	
斐川町併川 (ひかわちょうあいか)	出西村 (斐川町)	併川	神立1　神立2　神立3　神立4　メゾン神立 千家1　千家2　千家3　千家4		○	
斐川町富村 (ひかわちょうとびむら)	伊波野村 (〃)	富村	富上　富上北　富中　富中協和　太才 富下1　富下2　富下西　富ノ原　新富 ひばり台　自由ヶ丘団地		○	
斐川町名島 (ひかわちょうなじま)	(〃)	名島	北島　北島2　別名		○	
斐川町鳥井 (ひかわちょうとりい)	(〃)	鳥井	井上　鳥屋上　鳥屋北　鳥屋東		○	
斐川町上直江 (ひかわちょうかみなおえ)	(〃)	上直江	原　大島　岩野原東　岩野原西　岩野原前 岩野原あずま団地　八頭　平野　新川 駅前　みどりヶ丘　原南　寺前 メイプル1　メイプル2　アクティー1 アクティー2　サニープレイス　サンライズタウン 駅南1　駅南3　駅南4　駅南5　駅南6 駅南7　駅南8　駅南中央1　駅南中央2 駅南中央3　夢咲タウン　あぐりタウン			○
斐川町直江 (ひかわちょうなおえ)	直江村 (〃)	下直江	漆治菅沢　中筋小原　共栄町　新町　相生町 西本町　本町　中町　万才町　東本町 西旭町　東旭町　西南町　東南町　新市 新川　堀切　結西　結三井 つつじヶ丘1　つつじヶ丘2　新建　境 御幸通　明石　直江杉沢　直江杉沢2 神奈美		○	
斐川町美南 (ひかわちょうみなみ)	久木村 (〃)	南村	相場　蔵島　十六夜　中座　北島 十六夜西　美南北		○	
斐川町福富 (ひかわちょうふくどみ)	(〃)	福富	福富　社　曙　若宮応神　和栄		○	
斐川町原鹿 (ひかわちょうはらか)	(〃)	原鹿	南島田　中組　井原　東北 弥生　宮西		○	

— 106 —

出雲市

町　名	旧市町村及び大字名		通　称	小字の区域		
				有		廃止済
				全域	一部	
斐川町今在家（ひかわちょういまざいけ）	久木村（斐川町）	今在家	有益　正興　興農　春日　今在家団地		○	
斐川町沖洲（ひかわちょうおきのす）	出東村（〃）	沖洲	勝久寺　沖洲前島　北島　会所　天神 昭和　瑞穂　東島		○	
斐川町中洲（ひかわちょうなかのす）	（〃）	中洲	上組　中組　中央　三宅島　有信 中洲新田　中洲新和		○	
斐川町黒目（ひかわちょうくろめ）	（〃）	黒目	上黒目　相場　中黒目　下黒目　灘西 灘東　松原　灘向　黒目新田　松江分 サニータウン		○	
斐川町三分市（ひかわちょうさんぶいち）	（〃）	三分市	堀の内　宮組　北浜　浜　三分市大沢 砂川　橋南　欠戸中央　欠戸　橋北 一本松　川東上組　川東中組　東部　六丁場		○	
斐川町坂田（ひかわちょうさかだ）	（〃）	坂田	上ノ島　中ノ島　坂田大沢　新和　資生 大和　協生1　協生2　協生3　醇厚 坂田前島　共進　農友　碇下		○	

注：住居表示実施区域
　（昭和56年5月1日実施）
　　塩冶町南町一丁目・塩冶町南町二丁目（4街区を除く。）・塩冶町南町三丁目・塩冶町南町四丁目
　　塩冶町南町五丁目
　（昭和57年9月1日実施）
　　塩冶神前一丁目・塩冶神前二丁目・塩冶神前三丁目・塩冶神前四丁目・塩冶神前五丁目・塩冶神前六丁目・医大南町一丁目・医大南町二丁目・医大南町三丁目
　（昭和58年9月1日実施）
　　塩冶原町一丁目・塩冶原町二丁目・塩冶町南町二丁目（4街区のみ。）

益田市

市章
本市を象徴する市章は、益田町が一般町民から募集し、「マスダ」を図案化して町章に定めていたものを、市制実施にあたり一部修正し、市章として制定したものである。

市の花 水仙

市の木 欅（けやき）

人口等の状況	年月日	平成17.10.1	平成22.10.1	平成27.10.1
	人口（人）	52,368	50,015	47,718
	世帯数（世帯）	19,333	19,243	19,037
	面積（㎢）	733.16	733.24	733.19

〈市名の由来〉

　平安時代中期に成立した事典「和名類聚抄」に益田郷がみえ、万葉仮名で「末須太」と訓じている。江戸時代に石見国の農学者石田春律が刊行した地誌『石見八重葎』では「真田」、「舛田」という。益田の地名は、一帯が良田の真砂田であったことに由来するといわれる。平安時代末期、九条家が石見国主であった際、益田平野とその周辺部に荘園益田荘を成立させた。南北朝時代、在庁官人御神本氏の流れをくむ益田兼見が益田荘の支配を確立し、関ヶ原の戦いまで益田氏が益田を治めた。

〈沿革〉

　益田市には、恵まれた自然環境によって原始・古代からの豊かな歴史文化があり、数多くの遺跡が残る。匹見地区には旧石器時代と、特に縄文時代の遺跡が集中し、中国地方・九州地方との広範囲な交流があった。益田平野及びその周辺では、弥生時代に大規模な集落が営まれ、古墳時代には大型古墳が築造された。

　律令時代には、都茂郷、益田郷、苓気郷、山田郷、山前郷、大農郷、美濃郷、小野郷の八郷に属し、万葉歌人柿本人麿の出生と終焉の地といわれる。平安時代の初めには、美濃郡宇津川に醴泉が出現したという伝説があり、その瑞祥によって年号が養老と改元されたという。さらに都茂郷丸山で銅が産出した。

　中世に入ると、領主益田氏のもとで、館・三宅御土居と山城・七尾城を中心に城下町として発展した。萬福寺および医光寺には、雪舟が築いたとされる庭園が現在も残る。また湊町の遺跡・中須東原遺跡や文献史料からは、東アジア規模で展開した日本海交易の様相が浮かび上がってくる。旧匹見町には平家の落人伝説が伝わる。都茂鉱山の鉱物と匹見の材木は、交易品として益田氏の財力を支えた。益田氏は、南北朝期以降は大内氏、さらにその滅亡後は毛利氏に従い、関ヶ原の戦いの後に、長門国阿武郡須佐村に移り、萩藩毛利家の永代家老家となった。

　江戸時代に入ると、現在の益田市域は、浜田藩と津和野藩に分割され、都茂鉱山周辺は天領の石見銀山領（後に浜田藩領）となった。益田氏の移住によって七尾城下町は衰退したが、右田宗味が定期市を起こし、在郷町として再興されたという。美都地区では、江戸時代も都茂鉱山の操業が続き、昭和61年に閉山するまで地域を支える基幹産業として多くの恩恵をもたらした。製鉄や紙漉も盛んに行われ、明治時代には、梅毒の特効薬サルバルサン606号を発見した医学者秦佐八郎が生まれた。匹見地区では、江戸時代以降、豊富な山林資源を背景にして、たたら製鉄や紙漉、木材や木工品の生産が盛んに行われた。大正13～15年には、益田・匹見間を結ぶ索道が開通し、昭和26年まで林産品や生活物資の輸送を支えた。戦後は、わさび生産や鉄道の枕木の需要による製材業などで繁栄し、木炭は最盛期には県内一の生産高を誇った。

　益田市は、平成16年11月1日の益田市・美濃郡美都町・美濃郡匹見町の合併により、県内最大の面積をもつこととなった。清流高津川や匹見峡などの豊かな自然環境や歴史文化などの風土に育まれ、市民一人ひとりがまちづくりの主役として活躍し、人と地域が輝くまちづくりを目指している。

益田市

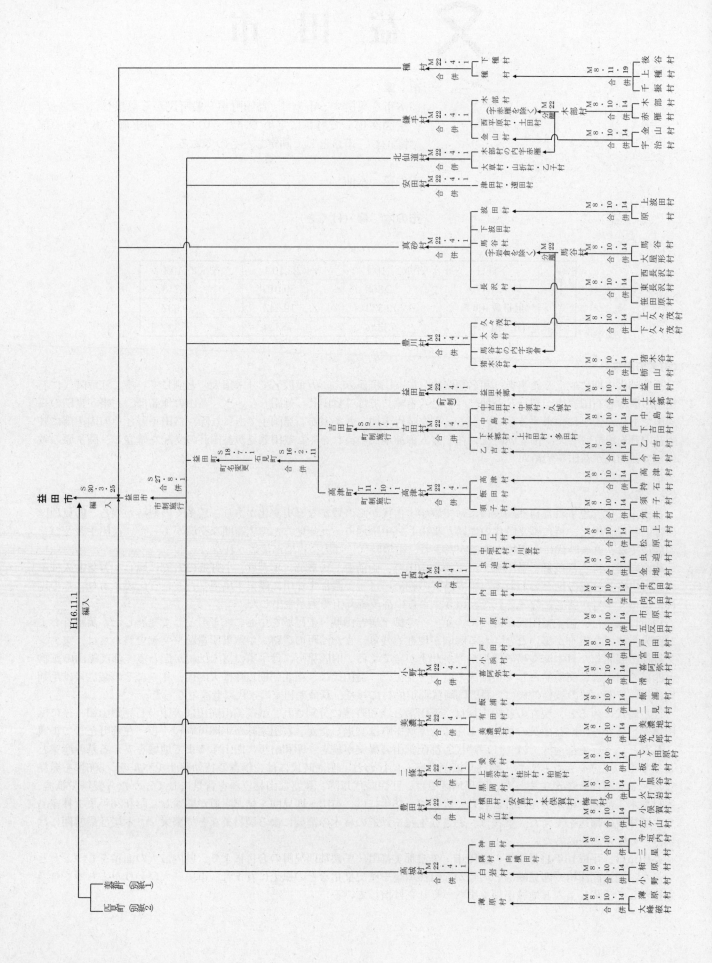

(別紙1)

益田市

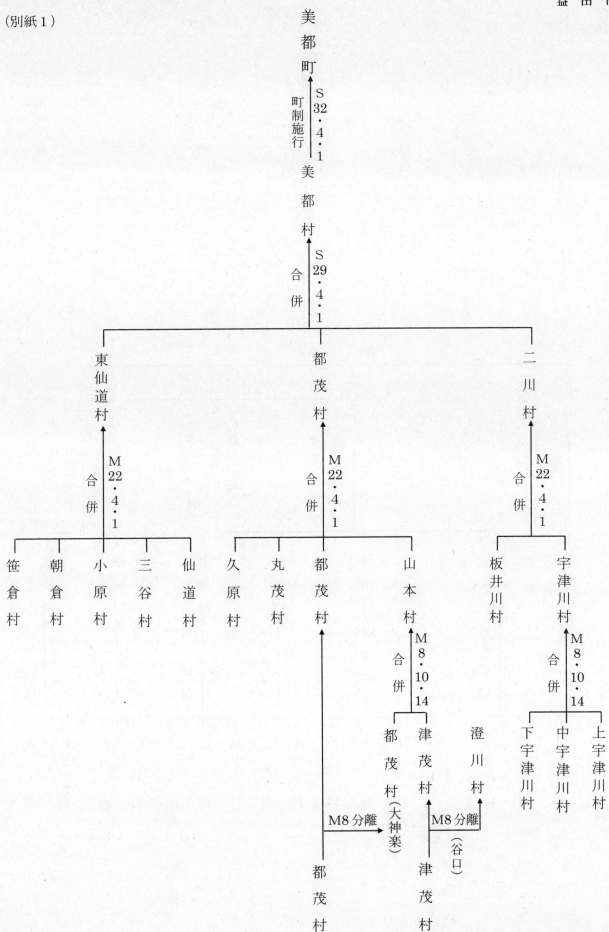

益田市

(別紙2)

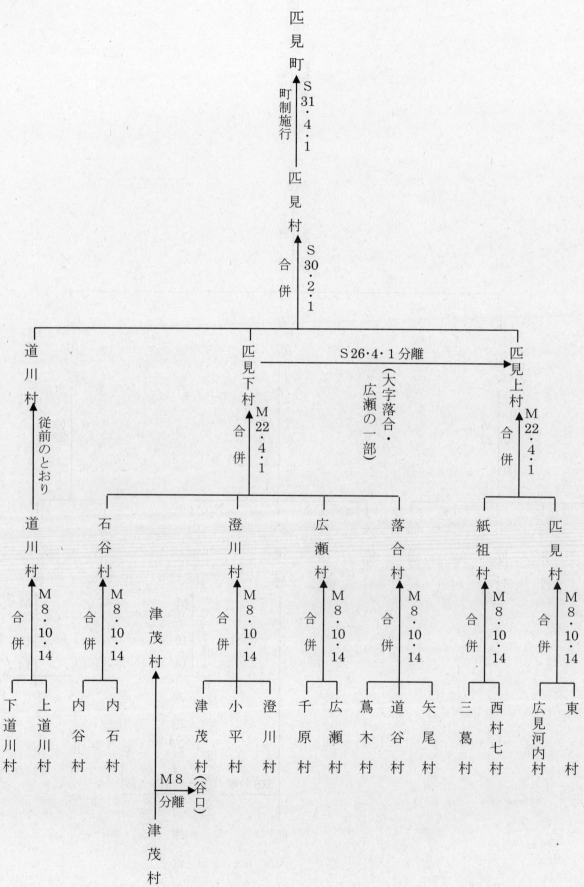

益田市

市町村名	益田市（ますだし）		
市役所の位置	〒698-8650　益田市常盤町1番1号	電話番号	0856－31－0100

合併等の状況	年月日	合体編入等の別	関係市町村名
	昭26.4.1	境界変更	匹見下村の一部（大字落合及び広瀬の一部）を匹見上村に
	27.8.1	合体（市制）	益田町・安田村・北仙道村・豊川村・豊田村・高城村・小野村・中西村（益田市設置）
	29.4.1	〃	東仙道村・都茂村・二川村（美都村設置）
	30.2.1	〃	匹見上村・匹見下村・道川村（匹見村設置）
	30.3.25	編入	鎌手村・種村・真砂村・二條村・美濃村
	31.4.1	（町制）	匹見村（匹見町）
	32.4.1	〃	美都村（美都町）
	平16.11.1	編入	美都町・匹見町

町名	旧市町村及び大字名		通称	小字の区域		廃止済
				全域	一部	
久々茂町（くくもちょう）	豊川村（益田市）	久々茂	岡原（おかばら）　堂河内（どうがうち）　山根（やまね）　大峠（おおとう）　上ノ原（かみのはら）			○
			田倉（たくら）　田倉住宅（たくらじゅうたく）			
大谷町（おおたにちょう）	〃（〃）	大谷	野坂（のざか）　横野（よこの）　高畑（たかはた）　安床（あんとこ）　伏谷（ふしだに）			○
			嶽（だけ）			
岩倉町（いわくらちょう）	〃（〃）	岩倉	岩倉上（いわくらかみ）　岩倉下（いわくらしも）			○
栃山町（とちやまちょう）	〃（〃）	猪木谷	栃山上（とちやまかみ）　栃山下（とちやましも）			○
猪木谷町（いのきだにちょう）	〃（〃）	〃	猪木谷上（いのきだにかみ）　猪木谷下（いのきだにしも）　甘一（つつぬけ）　川平（かわひら）			○
大草町（おおくさちょう）	北仙道村（〃）	大草	郷（ごう）　日原（ひばら）　上嵩（かみかさ）　東上（ひがしかみ）　東下（ひがししも）　宮（みや）			○
			大下（おおしも）　長谷（ながたに）			
乙子町（おとこちょう）	〃（〃）	乙子	上（かみ）　新田屋（しんたや）　中宮（なかみや）　下（しも）　茶屋ヶ曽根（ちゃやがそね）			○
山折町（やまおりちょう）	〃（〃）	山折	上東（かみひがし）　上西（かみにし）　西迫（にしさこ）　郷東（ごうひがし）　郷西（ごうにし）			○
			炭釜（すみがま）　萩原（はぎはら）			
赤雁町（あかがりちょう）	〃（〃）	赤雁	上宮（かみみや）　中郷（なかごう）　下（しも）			○
下種町（しもだねちょう）	種村（〃）	下種	野地（のじ）　赤羽根（あかばね）　北河内上（きたごうちかみ）　北河内下（きたごうちしも）　岩崎（いわさき）			○
			寺廻り（てらまわり）　川下（かわしも）　和田郷（わだごう）			
種村町（たねむらちょう）	〃（〃）	種村	本郷（もとごう）　中郷（なかごう）　千振下（ちぶりしも）　千振上（ちぶりかみ）　後谷下（うしろだにしも）			○
			後谷上（うしろだにかみ）			

益田市

町名	旧市町村及び大字名		通称	小字の区域		
				有 全域	一部	廃止済
遠田町(とおだちょう)	安田村(益田市)	遠田	城外(じょうかい) 神明(しんめい) 大元(おおもと) 寺坂(てらさか) 国東(くにさき)			○
			黒石(くろいし) 東双葉(ひがしふたば) 西双葉(にしふたば) 岩ヶ本(いわがもと) すみれが丘(おか)			
			茶ヤ床(ちゃやとこ) 井迫(いのさこ) 前浜(まえはま) 郷(ごう) 神出(じんで)			
			流松(ながれまつ) 古布気(こぶき) 虹ヶ丘(にじがおか) 進徳(しんとく) 西浜(にしはま)			
			西浜上(にしはまかみ) 原口(はらぐち) 原浜団地(はらはまだんち)			
津田町(つだちょう)	(〃)	津田	寺町(てらまち) 栄町(さかえまち) 旭町(あさひまち) 新町(しんまち) 西原町(にしはらまち)			○
			東原町(ひがしはらまち) 浜町(はまちょう) 上津田(かみつだ) 中津田(なかつだ) 上本町(かみほんまち)			
			下本町(しもほんまち) 向陽町(こうようちょう) うのはな			
金山町(かねやまちょう)	鎌手村(〃)	金山	宇治(うじ) 金山東(かねやまひがし) 金山西(かねやまにし)			○
土田町(つちだちょう)	(〃)	土田	上ノ谷(かさのたに) 土田浜(つちだはま) 後溢(うしろえき) 土田郷(つちだごう) 高島(たかしま)			○
			高見(たかみ)			
西平原町(にしひらばらちょう)	(〃)	西平原	後川(うしろがわ) 上平原(かみひらばら) 下平原上(しもひらばらかみ) 下平原中(しもひらばらなか)			○
			下平原下(しもひらばらしも)			
木部町(きべちょう)	(〃)	木部	大浜上(おおはまうえ) 大浜東(おおはまひがし) 大浜西(おおはまにし) 釜口(かまぐち) 大谷(おおたに)			○
			木部郷(きべごう) 向市(むかいち) 汐満(しおみち) 平口(ひらぐち)			
馬谷町(うまだにちょう)	真砂村(〃)	馬谷	馬谷(うまだに) 先谷(さきだに) 大屋形(おおやがた)			○
波田町(はだちょう)	(〃)	波田	原(はら) 波田下(はだしも) 波田中(はだなか) 波田上(はだかみ) 久保隘(くぼえき)			○
下波田町(しもはだちょう)	(〃)	下波田	下波田上(しもはだかみ) 下波田下(しもはだしも) 一ノ瀬(いちのせ) 三地山(さんぢやま)			○
長沢町(ながさわちょう)	(〃)	長沢	東長沢(ひがしながさわ) 笹田原(ささたばら) 柿原(かきばら) 川平(かわひら) 下長沢(しもながさわ)			○
			上長沢(かみながさわ) 秋令(しゅうれい)			
横田町(よこたちょう)	豊田村(〃)	横田	和江(わえ) 市原(いちばら) 下市(しもいち) 新町(しんちょう) 中市(なかいち)			○
			上市(かみいち) 上野上(うえのかみ) 上野下(うえのしも) 中原(なかばら) 家下(いえした)			
			山本(やまもと) 大境(おおざかい)			
梅月町(うめつきちょう)	(〃)	梅月	光明寺(こうみょうじ) 奥梅月(おくうめつき) 郷(ごう)			○
安富町(やすどみちょう)	(〃)	安富	鍛冶屋(かじや) 中小路(なかしょうじ) 羽場(はば) 奥田(おくだ) 花ヶ瀬(はながせ)			○
			河成(こうなり) 下岡(しもおか) 上岡(かみおか) 石田(いしだ)			
本俣賀町(ほんまたがちょう)	(〃)	本俣賀	東上(ひがしかみ) 東下(ひがししも) 西(にし)			○
左ヶ山町(ひだりがやまちょう)	(〃)	左ヶ山	左ヶ山中(ひだりがやまなか) 小俣賀(こまたが)			○
神田町(かんだちょう)	高城村	神田	神田(かんだ) 駅前(えきまえ) 御所原(ごしょばら) 段(だん) 神田第一(かんだだいいち)			○
			三星(みぼし) 荒谷(あらたに) 木原(きはら) 本町(ほんまち)			

— 114 —

益田市

町　名	旧市町村及び大字名		通　称					小字の区域		
								有		廃止済
								全域	一部	
向横田町（むかいよこたちょう）	高城村（益田市）	向横田	向横田上	中筋	大元	宮下	三界			○
			大滝上	大滝下	中ノ谷	丸竹	後溢			
			小隅	片田原						
薄原町（すすきはらちょう）	〃	薄原	大峯破	八ヶ瀬	薄原上	薄原下				○
白岩町（しらいわちょう）	〃	白岩	柿原上	柿原中	柿原下	小野上	小野中			○
			小野下							
隅村町（すみむらちょう）	〃	隅村	隅上	隅中	隅下	赤松				○
戸田町（とだちょう）	小野村（〃）	戸田	小野上	小野中	小野西	東上	東中			○
			東下	植松東	植松西	戸田駅前	宮田東			
			宮田浜	宮田上						
小浜町（こはまちょう）	〃	小浜	小浜東	小浜中	小浜西					○
喜阿弥町（きあみちょう）	〃	喜阿弥	弥ヶ迫	喜阿弥中	清水	札場	舞子			○
			喜阿弥下	喜阿弥郷	城平	滑東	滑西			
飯浦町（いいのうらちょう）	〃	飯浦	二見	駅前	本町	新川町	新町			○
			古町	山根町						
川登町（かわのぼりちょう）	中西村（〃）	川登	川登上	一ノ瀬	市ノ野	何原	川登下			○
白上町（しらかみちょう）	〃	白上	白上下	森	下ヶ原	宝	向山	宮ノ廻		○
			桜町	一イ木	寺尾上	光陽台	田中			
			中野	中地	松原第一	松原第二	川西			
中垣内町（なかがうちちょう）	〃	中垣内	三谷	梨ヶ平	下平	日ノ平	中間			○
			平原下	平原上	大道					
市原町（いちはらちょう）	〃	市原	五反田	南田	西側	登郷				○
内田町（うちだちょう）	〃	内田	内田中	内田下	内田上					○
虫追町（むそうちょう）	〃	虫追	虫追上	虫追中	沖	山根	虫追下			○
			羽原	美園	金地					
上黒谷町（かみくろだにちょう）	二條村（〃）	上黒谷	東市	西市	市上	津葉山	市下			○
			中	横尾						
桂平町（かつらひらちょう）	〃	桂平	下峠	上峠	水合	野中	宮ヶ迫			○
			金ヶ峠							
黒周町（くろすちょう）	〃	黒周	下黒谷	中倉	火打岩					○

益田市

町名	旧市町村及び大字名		通称	小字の区域		
				有全域	一部	廃止済
かしばらちょう 柏原町	二條村 (益田市)	柏原	あげやま　かたたばら　かしばらたお　おおくぼ　もとごう 上ヶ山　片田原　柏原峠　大久保　本郷			○
あさかちょう 愛栄町	(〃)	愛栄	いたもち　わながたばら 板持　弋ヶ田原			○
みのじちょう 美濃地町	美濃村 (〃)	美濃地	じょうくろうかみ　じょうくろうしも　もとごうしも　なかのくち　もとごうなか 城九郎上　城九郎下　本郷下　中ノ口　本郷中 もとごうごうしも　もとごうごうかみ　もとごうごうしろ　もとごうかみ　こうちかみ 本郷郷下　本郷郷上　本郷後　本郷上　河内上 こうちしも 河内下			○
ありたちょう 有田町	〃 (〃)	有田	ありたしも　はら　きよみず　なかま　いっちょうだ 有田下　原　清水　中間　一丁田 ささみだに　にしだに 笹見谷　西谷			○
そめばちょう 染羽町	益田町 (〃)	益田	そめば 染羽			○
ほんまち 本町	〃 (〃)	〃	ほんまち　ほんまちいっちょうめ　しみず　おりと 本町　本町一丁目　清水　折戸			○
ななおちょう 七尾町	〃 (〃)	〃	ほりかわ　すみよし　しみず　すいげんち　しろやま 堀川　住吉　清水　水源地　城山 やまね　かみいち　ふるかわ 山根　上市　古川			○
さいわいちょう 幸町	〃 (〃)	〃	とくはら　さいわいちょう　おおしもいち　いなづみ 徳原　幸町　大下市　稲積			○
どいちょう 土井町	〃 (〃)	〃	どい 土井			○
しょうわちょう 昭和町	〃 (〃)	〃	しょうわ 昭和			○
みやけちょう 三宅町	〃 (〃)	〃	みやけ 三宅			○
ひがしまち 東町	〃 (〃)	〃	かたやま　あおばだい　ひがしまち　おきだ　もんぜん 片山　青葉台　東町　沖田　門前 やまひら　かすが　あさひまち　みやけ　あさひがおか 山平　春日　旭町　三宅　旭ヶ丘			○
ただちょう 多田町	〃 (〃)	多田	ごうにし　ただ　おおたに　どろたに　さかうえ 郷西　多田　大谷　泥谷　坂上 すごうた 須郷田			○
ありあけちょう 有明町	〃 (〃)	益田 上吉田	ありあけ　いなづみ 有明　稲積			○
ときわちょう 常盤町	〃 (〃)	上吉田	ありあけ　ときわ　いまにし　みずわけ 有明　常盤　今西　水分			○
みずわけちょう 水分町	〃 (〃)	〃	いまにし　みずわけ　いなづみ 今西　水分　稲積			○
もとまち 元町	〃 (〃)	〃	みなみちょう　もとまち 南町　元町			○
えきまえちょう 駅前町	〃 (〃)	上吉田 中島	きょうまち　にしきまち　みやこまち　えきまえちょう　あおいまち 京町　錦町　都町　駅前町　葵町			○
あかぎちょう 赤城町	〃 (〃)	上吉田 中島	あかぎちょう　あおいまちだいに 赤城町　葵町第二			○
さかえまち 栄町	〃 (〃)	中島	あおいまちだいに　さかえまち　たいへいちょう 葵町第二　栄町　太平町			○
なかよしだちょう 中吉田町	〃 (〃)	中吉田	そうり　えがしら　ひらた　はら 曽利　江頭　平田　原			○
おとよしちょう 乙吉町	〃 (〃)	乙吉	おとよし　せっしゅう　こうえんどおり　ひばりがおか 乙吉　雪舟　公園通り　ひばりヶ丘			○
しもほんごうちょう 下本郷町	〃 (〃)	下本郷	えきこお　よこお　ひらばら　いっしょうの　ひばりがおか 溢　横尾　平原　一升野　ひばりヶ丘			○

益田市

町名	旧市町村及び大字名	通称	小字の区域 有 全域	小字の区域 有 一部	廃止済
久城町（くしろちょう）	益田町（益田市）	久城	久城東　久城西　久城北　中尾　道面　原浜		○
中須町（なかずちょう）	〃（〃）	中須	中須北　中　西　東			○
かもしま北町	〃（〃）	中須／中島			○
かもしま東町	〃（〃）	〃			○
かもしま西町	〃（〃）	中島			○
中島町（なかのしまちょう）	〃（〃）	〃	中島　大塚　太平町		○
高津町（たかつちょう）	〃（〃）	高津	持石開拓　浜　持石　三里ヶ浜		○
高津一丁目	〃（〃）	〃	上市　下市　中市　川丁　地方　浜　浜寄		○
高津二丁目	〃（〃）	高津／飯田	上市　地方　円通和		○
高津三丁目	〃（〃）	高津	浜　浜寄		○
高津四丁目	〃（〃）	〃	浜　持石開拓		○
高津五丁目	〃（〃）	〃	浜　高町		○
高津六丁目	〃（〃）	〃	浜		○
高津七丁目	〃（〃）	〃	高町		○
高津八丁目	〃（〃）	〃	浜		○
須子町（すこちょう）	〃（〃）	須子	角井　須子上中　須子町　今宮　大和通り　須子本通り　明見		○
飯田町（いいだちょう）	〃（〃）	飯田	曽利　恵比寿　町屋　芝田　矢原　甘子		○
あけぼの東町	〃（〃）	益田／上吉田／中吉田／乙吉			○
あけぼの本町	〃（〃）	上吉田／中吉田			○
あけぼの西町	〃（〃）	中吉田／中島			○
美都町宇津川（みとちょううづがわ）	二川村（美都町）	宇津川	大鳥　長橋　横見　二ツ倉　堀河　本郷　宮ノ原　堤郷　馬ノ谷　養老谷　右田原　下山　棚ヶ峠		○
美都町板井川（みとちょういたいがわ）	〃（〃）	板井川	郷組　大井出　中ノ谷　茶ノ木　柿ノ木原　若杉		○

— 117 —

益田市

町名	旧市町村及び大字名		通称	小字の区域 全域	小字の区域 一部	廃止済
美都町都茂（みつとちょうつも）	都茂村（美都町）	都茂	都茂郷（つもごう）　屋敷平（やしきびら）　人元木（ひともとぎ）　中倉（なかくら）　小田又（こだまた）　大田又（おおだまた）　都茂上（つもかみ）　宮ヶ谷（みやがたに）　市金（いちがね）　大久保休（おおくぼやすみ）　大鳥（おおとり）　葛根藪（かんねやぶ）　嵯峨谷（さがたに）　長藪（ながやぶ）　芋尻（いもじり）			○
美都町丸茂（みつとちょうまるも）	（〃）	丸茂	丸茂郷（まるもごう）　堂ヶ原（どうがはら）　光雲坊（こううんぼう）　堀越（ほりこし）　六良木辻（ろくろぎつじ）　明正寺谷（みょうしょうじだに）　二反田（にたんだ）　田原（たばら）			○
美都町山本（みつとちょうやまもと）	（〃）	山本	山料（さんりょう）　大神楽（おおかぐら）　葛籠（つづら）　金谷（かねだに）			○
美都町久原（みつとちょうくばら）	（〃）	久原	久原郷（くばらごう）　笠（かさ）　久原中郷（くばらなかごう）			○
美都町仙道（みつとちょうせんどう）	東仙道村（〃）	仙道	仙道（せんどう）　下都茂（しもつも）　蛇久保（じゃのくぼ）　生角（うぶつの）			○
美都町小原（みつとちょうこばら）	（〃）	小原	小原郷（こばらごう）　久木（ひさぎ）　観月（かんげつ）　熊子（くまこ）			○
美都町三谷（みつとちょうみたに）	（〃）	三谷	三谷（みたに）　中倉（なかくら）　八坂（やさか）			○
美都町朝倉（みつとちょうあさくら）	（〃）	朝倉	朝倉郷（あさくらごう）　朝倉上（あさくらかみ）			○
美都町笹倉（みつとちょうささくら）	（〃）	笹倉	笹倉郷（ささくらごう）　山郡（やまごおり）　芝溢（しばえき）			○
匹見町道川（ひきみちょうみちかわ）	道川村（匹見町）	道川	下道川下（しもみちかわしも）　下道川上（しもみちかわかみ）　出合原（であいばら）　元組（もとぐみ）　臼木谷（うすきだに）　日の里（ひのさと）			○
匹見町匹見（ひきみちょうひきみ）	匹見上村（〃）	匹見	江田（えだ）　半田（はんだ）　萩原（はぎわら）　山根下（やまねしも）　山根上（やまねかみ）　植地（うえじ）　正下地（しょうげじ）　野入東（のいれひがし）　野入西（のいれにし）			○
匹見町紙祖（ひきみちょうしそ）	（〃）	紙祖	荒木（あらき）　元組（もとぐみ）　岡本（おかもと）　野田（のだ）　石組（いしぐみ）　小原（こばら）　七村（ななむら）　笹山（ささやま）　三葛（みかずら）			○
匹見町落合（ひきみちょうおちあい）	匹見下村（〃）	落合	戸村（とむら）　千原（ちばら）　道谷下（みちだにしも）　道谷上（みちだにかみ）　矢尾（やお）			○
匹見町澄川（ひきみちょうすみかわ）	（〃）	澄川	持三郎（もつさぶろう）　三出原（さんでばら）　長尾原（ながおはら）　能登（のと）　土井ノ原（どいのはら）　谷口（たにぐち）			○

益田市

町　名	旧市町村及び大字名		通　称	小字の区域		廃止済
				全域	一部	
匹見町石谷（ひきみちょういしだに）	匹見下村（匹見町）	石谷	和共（わきょう）　栃原（とちはら）　後谷（うしろだに）　中村（なかむら）　上内谷（かみうつだに）　内石下（うちいししも）　内石上（うちいしかみ）			○
匹見町広瀬（ひきみちょうひろせ）	（〃）	広瀬	小広瀬（こびろせ）　竹ノ原（たけのはら）　茶屋（ちゃや）　和又（わまた）			○

注：住居表示実施区域
　（昭和48年1月1日実施）
　　染羽町・本町・七尾町・幸町・土井町・昭和町・三宅町・東町・有明町
　（昭和48年10月1日実施）
　　常盤町・水分町・元町・駅前町・赤城町・栄町
　（昭和50年10月1日実施）
　　須子町
　（平成11年10月12日実施）
　　高津一丁目・高津二丁目
　（平成12年10月10日実施）
　　高津三丁目・高津四丁目
　（平成13年10月9日実施）
　　高津五丁目・高津六丁目
　（平成14年10月15日実施）
　　高津七丁目・高津八丁目

大田市

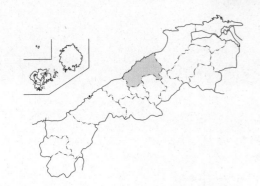

市　章
大田市の「大」の字を円と矢印で図案化して、円は団結、矢印は進歩、向上を示している。

市の花　れんげつつじ

市の木　うめ

市の魚　ひらめ

人口等の状況	年月日	平成17.10.1	平成22.10.1	平成27.10.1
	人　口 (人)	40,703	37,996	35,166
	世帯数 (世帯)	14,804	14,312	13,613
	面　積 (km²)	436.11	436.12	435.71

〈市名の由来〉

「大田」という名称は、大田部の移住開拓によるとの説（八重葎）と、当地域が浜田・益田とともに石見三田の一つで広い水田地帯があることから大田となったとの説がある。「和名抄」には古代の郷名として「邑陁」と記され、「邑陁」については「山田で会う」という伝承がある。

〈沿　革〉

市域は、古くは安濃郡波補郷、刺鹿郷、安濃郷、静間郷、高田郷、川合郷、邑陁郷、佐波郷、邇摩郡温泉郷、群治郷、杵道郷、大家郷、託農郷、大国郷に属した。

大永6年（1526年）博多の商人神谷寿貞が大内義興の援助により石見銀山の本格的な開発が始まったとされ、以来、大正12年（1923年）の閉山まで、約400年にわたって採掘されてきた。中世には、大内氏、小笠原氏、尼子氏、毛利氏による銀山争奪戦が展開された。大内義興は享禄元年（1528年）矢滝城を築き銀山を守備したが、義興の死後の同4年川本温湯城の小笠原長隆は矢滝城を急襲し銀山を入手した。3年後の天文2年（1533年）大内義隆は再度奪回したが、同6年尼子経久が大挙して銀山を奪った。2年後再び大内氏が奪回したが、同10年小笠原氏が尼子氏の支援により銀山を入手した。同20年大内義隆の死後は毛利元就と尼子氏との争奪戦が繰り返され、永禄5年（1563年）毛利氏の支配下に入ったが、天正12年（1584年）以降は毛利氏と豊臣氏との共同管理となった。

特に、天文6年（1533年）国内に始めて伝えられたとされる精錬技術「灰吹法」により高品位の銀が大量に生産され、戦国時代の軍資金や江戸時代の財源として使われた。海外にも多く輸出され、アジアとヨーロッパ諸国を交易で結ぶ役割も果たしてきた。

江戸期には幕府直轄の鉱山となり、初代奉行大久保長安は銀山の開発や港町の隆盛を急速に進め、石見一国の検地を行った。享保16年（1731年）大森代官に着任した井戸平左衛門は、打ち続く凶作に対し、官米放出、年貢の減免、薩摩国から甘藷を移植するなど領民救済を行った。慶長頃、家数2万6千軒あったといわれる石見銀山も、元禄期には衰退の兆をみせ、江戸中期以降は多くが休山した。

主要産業は農林漁業で、米・酪農・和牛が知られ、水産業では22の港を有し、アジ・カレイ・タイなどの沿岸漁業が主体となっている。

出雲風土記「国引き」伝説で有名な国立公園「三瓶山」をはじめ、平成19年（2007年）に世界遺産登録された「石見銀山遺跡とその文化的景観」、全国から湯治客が訪れる温泉場、鳴り砂で知られる「琴ヶ浜」、風光明媚な海岸など、歴史文化、海や山の自然環境に恵まれ、豊富な農林漁業資源の開発と関連する商工業・観光の振興により、県央の中核都市としてその発展が期待されている。

大田市

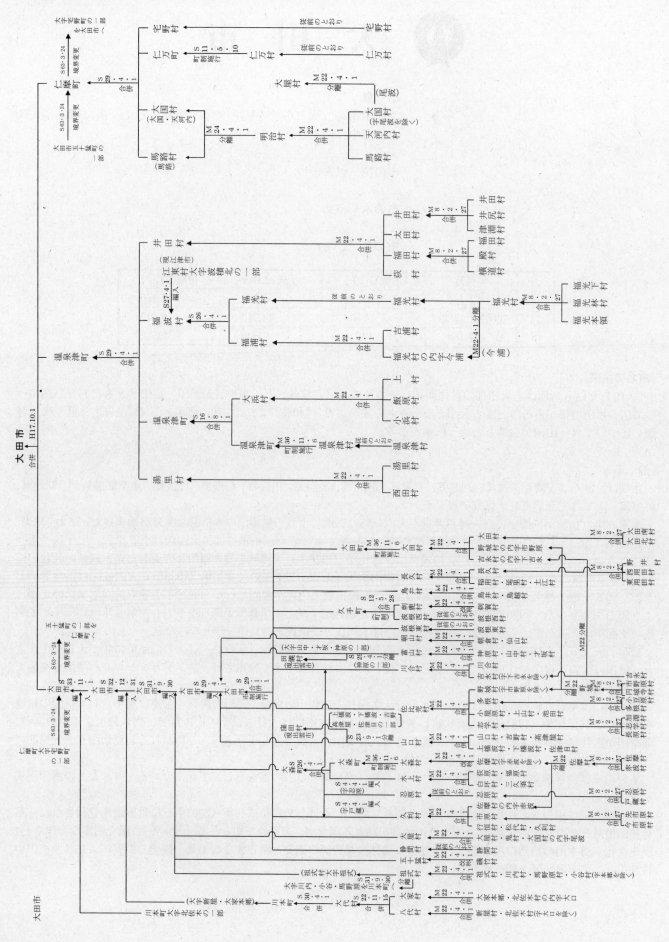

大 田 市

市町村名		大田市（おおだし）			
市役所の位置		〒694-0064　大田市大田町大田口1111番地		電話番号	0854－82－1600

	年月日	合体編入等の別	関係市町村名
合併等の状況	昭26. 4. 1	合　体	大森町・水上村（大森町設置）
	〃	〃	福光村・福浦村（福浦村設置）
	27. 4. 1	境界変更	江東村の一部（大字波積北の一部）を福波村に
	29. 1. 1	合　体（市　制）	大田町・久手町・波根東村・鳥井村・長久村・川合村・久利村・静間村（大田市設置）
	29. 4. 1	編　入	佐比売村・朝山村・山口村・富山村の一部（大字山中・才坂・神原の一部）
	〃	合　体	温泉津町・福波村・湯里村・井田村（温泉津町設置）
	〃	〃	仁万町・宅野村・大国村・馬路村（仁摩町設置）
	31. 9.30	編　入	大森町・五十猛村・大屋村・祖式村の一部（大字祖式）
	32.12.31	境界変更	川本町の一部（大字新屋・大家本郷）
	33.11. 1	〃	川本町の一部（大字北佐木の一部）
	63. 3.24	〃	仁摩町大字宅野町の一部を大田市へ、大田市五十猛町の一部を仁摩町へ
	平17.10. 1	合　体	大田市・温泉津町・仁摩町

町　名	旧市町村及び大字名		通　称					小字の区域		
								有		廃止済
								全域	一部	
大田町（おおだちょう）	大田町（大田市）	野城	野城（のじろ）							
		大田	出口（いでくち）	長谷（ながたに）	小池（こいけ）	加土（かづち）	城山一（しろやまいち）	○		
			城山二（しろやまに）	柳井一（やないいち）	柳井二（やないに）	大正西一（たいしょうにしいち）	大正西二（たいしょうにしに）			
			大正西三（たいしょうにしさん）	昭和町（しょうわまち）	大正東一（たいしょうひがしいち）	大正東二（たいしょうひがしに）				
			大正東三（たいしょうひがしさん）	雪見一（ゆきみいち）	雪見二（ゆきみに）	桜田（さくらだ）	相生（あいおい）			
			日の出（ひので）	天神一（てんじんいち）	天神二（てんじんに）	諏訪一（すわいち）	諏訪二（すわに）			
			諏訪三（すわさん）	山崎一（やまさきいち）	山崎二（やまさきに）	山崎三（やまさきさん）	山崎四（やまさきよん）			
			宮島（みやじま）	本町（ほんまち）	末広（すえひろ）	蛭子（えびす）	殿町（とのまち）			
			栄町一（さかえまちいち）	栄町二（さかえまちに）	栄町三（さかえまちさん）	駅南町（えきみなみまち）	立花（たちばな）			
		吉永	柳ヶ坪一（やながつぼいち）	大坪（おおつぼ）	柳ヶ坪三（やながつぼさん）					
長久町（ながひさちょう）	長久村（〃）	長久	川北上（かわきたかみ）	川北下（かわきたしも）	川南一（かわみなみいち）	川南二（かわみなみに）	高禅寺（こうぜんじ）	○		
			高禅寺二（こうぜんじに）	野井（のい）	水行（みずゆき）	東用田（ひがしもちだ）				
		土江	土江上（つちえかみ）	土江下（つちえしも）						
		稲用	稲用上（いなもちかみ）	稲用中（いなもちなか）	稲用下（いなもちしも）					
		延里	延里上（のぶさとかみ）	延里下（のぶさとしも）						

大田市

町 名	旧市町村及び大字名		通 称	小字の区域 有		廃止済
				全域	一部	
鳥井町（とりいちょう）	鳥井村（大田市）	鳥井（とりい）	上山根（かみやまね） 下山根（しもやまね） 鳥井上（とりいかみ） 鳥井下（とりいしも） 八幡（やわた）	○		
			大平（おおびら） 迫（さこ） さぎみ			
		鳥越（とりごえ）	鳥越（とりごえ） 新田（にいだ） 越峠（こえど）			
久手町（くてちょう）	久手町（〃）	波根西	駅前（えきまえ） 栄（さかえ） 壁の内（かべのうち） 宮下（みやした） 町（まち） 寺前（てらまえ）	○		
			港（みなと） 原口（はらぐち） 大原（おおはら） 旭（あさひ） 東（ひがし） 西（にし） 南（みなみ）			
			北（きた） 大津（おおつ） 大西（おおにし） 鈴見（すずみ）			
		刺鹿	曙（あけぼの） 灘（なだ） 仕明（しあけ） 中（なか） 上原（かみはら） 涼見（すずみ）			
			江谷（えたに） 中尾（なかお） 市井（いちい） 諸友（もろとも） 竹原（たけはら）			
			日の出（ひので） 促進（そくしん） 上沢田（かみさわだ） 県営住宅（けんえいじゅうたく） 新諸友（しんもろとも）			
			さつか団地（だんち）			
波根町（はねちょう）	波根東村（〃）		上川内（かみごうち） 田長（たのさ） 灘山（なだやま） 江奥（ごうのく） 砂山（すなやま）	○		
			才ノ神（さいのかみ） 上町（かみまち） 天場（てんば） 東中（ひがしなか） 西中（にしなか）			
			新市（しんいち） 東灘（ひがしなだ） 西灘（にしなだ） 中浜（なかはま） 古川南（ふるかわみなみ）			
			古川北（ふるかわきた）			
川合町（かわいちょう）	川合村（〃）	川合	神領一（じんりょういち） 神領二（じんりょうに） 市（いち） 程原（ほどはら） 瓜坂（うりざか）	○		
			芋原（いもはら） 鶴府（つるぶ） 浅原（あざはら）			
		河合	南（みなみ） 出岡（いでおか） 高松地（たかまつじ） 野田（のだ）			
		吉永	吉永上（よしながかみ） 吉永下（よしながしも） 向吉永（むこうよしなが）			
		忍原	忍原（おしはら）			
静間町（しずまちょう）	静間村（〃）		第一八日市（だいいちようかいち） 八日市（ようかいち） 笹（ささ） 弓辺（ゆんべ） 埖（あづち）	○		
			仮屋（かりや） 平（ひら） 垂水（たるみ） 魚津（うおつ） 新田（しんでん）			
			和江一区（わえいっく） 和江二区（わえにく） 和江三区（わえさんく） 和江四区（わえよんく）			
			和江五区（わえごく）			
久利町（くりちょう）	久利村（〃）	市原	亀谷（かめたに） 今市（いまいち） 先市（せんいち）	○		
		久利	市ノ上（いちのかみ） 市ノ下（いちのしも） 小山一（こやまいち） 小山二（こやまに） 畑ヶ中一（はたけなかいち）			
			畑ヶ中二（はたけなかに）			
		佐摩	赤波一（あかなみいち） 赤波二（あかなみに）			
		松代	松代一（まつしろいち） 松代二（まつしろに） 松代三（まつしろさん）			
		行恒	行恒一（ゆきつねいち） 行恒二（ゆきつねに）			
		戸蔵				

大 田 市

町 名	旧市町村及び大字名		通 称	小字の区域 有 全域	小字の区域 有 一部	廃止済
朝山町（あさやまちょう）	朝山村（大田市）	仙山	中通（なかどおり） 日ノ尾（ひのお） 丸尾（まるお） 川東（かわひがし） 津戸（つど）	○		
			島津屋（しまつや） 長畑（ながはた）			
		朝倉	宮西（みやにし） 竹原（たけはら） 上畑（かみはた） 山谷（やまたに） 西城蓮（にしじょうれん）			
			東城蓮（ひがしじょうれん） 下畑（しもはた） 本谷（ほんたに） 上谷（かみたに） 下谷（しもたに）			
			大暮（おおぐれ） 鶴ヶ丘（つるがおか）			
富山町（とみやまちょう）	富山村（〃）	山中	重蔵（じゅうぞう） 半明（はんみょう） 筆院堂（ひついんどう） 道原（どうばら） 入口（いりくち）	○		
			堀越（ほりごし） 高原（たかはら） 土居（どい）			
		才坂	本郷（ほんごう） 勝手（かって） 曽根川（そねがわ） 下才坂（しもさいざか） 芦谷（あしだに）			
		神原	本谷（ほんたに） 市（いち） 入石（いりこく）			
三瓶町（さんべちょう）	佐比売村（〃）	池田	高利（こうり） 池ノ原（いけのはら） 小田（おだ） 大江（おおえ） 西田（にしだ）	○		
			町（まち） 槙原（まきはら） 野畑（のはた） 奥畑（おくはた） 定（さだめ）			
		小屋原	小屋原上（こやはらかみ） 小屋原下（こやはらしも）			
		上山	上山（うやま）			
		志学	東（ひがし） 中（なか） 西（にし） 長原（ながはら） 温泉（おんせん）			
		多根	上多根（かみたね） 中多根（なかたね） 長田（ながた） 中津森（なかつもり） 下多根（しもたね）			
			小豆原（あずきはら）			
		野城	上野城（かみのじろ） 下野城（しものじろ）			
山口町（やまぐちちょう）	山口村（〃）	山口	上立石（かみたていし） 立石（たていし） 町（まち） 新柄（にいがら） 中組（なかぐみ）	○		
			藤木（ふじき） 獺越（おそごえ）			
		佐津目	佐津目（さつめ）			
大森町（おおもりちょう）	大森町（〃）		銀山（ぎんざん） 上佐摩上（かみざまかみ） 上佐摩下（かみざましも） 羅漢町（らかんちょう）	○		
			駒ノ足（こまのあし） 新町（しんまち） 昭和（しょうわ） 宮ノ前（みやのまえ） 下佐摩（しもざま）			
五十猛町（いそたけちょう）	五十猛村（〃）		湊一（みなといち） 湊二（みなとに） 湊三（みなとさん） 地頭所嘉庭（じとうしょかにわ） 野梅（のばい）	○		
			畑井（はたい） 丹波（たんなみ） 赤井（あかい） 明神（みょうじん） 上市第一（かみいちだいいち）			
			上市第二（かみいちだいに） 上市第三（かみいちだいさん） 竪町（たてまち） 本町（ほんまち） 柳町（やなぎまち）			
			上柳町（かみやなぎまち） 朝日町（あさひまち） 日の出（ひので） 大浦団地（おおうらだんち）			
大屋町（おおやちょう）	大屋村（〃）	大屋	大屋上（おおやかみ） 大屋下（おおやしも）	○		
		鬼村	鬼村上（おにむらかみ） 鬼村下（おにむらしも）			
		大国	上尾波（かみおなみ） 中尾波（なかおなみ） 角折（つのおれ）			

— 125 —

大田市

町名	旧市町村及び大字名		通称	小字の区域 有 全域	小字の区域 有 一部	小字の区域 廃止済
祖式町（そしきちょう）	祖式村（大田市）	祖式	矢滝　上町　下町　向川　上瀬戸　下瀬戸　伊勢階　山中　横谷　大原	○		
水上町（みなかみちょう）	水上村（〃）	白坏	米山　本郷上　本郷下　高津上　高津下	○		
		三久須	三久須上　三久須中　三久須下			
		福原	福原上　福原中　福原下　又持			
		荻原	荻原			
大代町（おおしろちょう）	大代村（〃）	大家本郷	上市　下市　植松　四日市　八反田　下谷　椿　柿田　川上	○		
		新屋	本郷　山田　平　上飯谷　下飯谷　弓久　右原			
温泉津町温泉津（ゆのつちょうゆのつ）	温泉津町（温泉津町）	温泉津	松山　上町　湯町　法泉町　中町　稲荷町　寺町　本町　沖浦　沖泊　日祖　松山西	○		
温泉津町小浜（ゆのつちょうこはま）	大浜村（〃）	小浜	本町上　本町中　本町下　戎町下　西町東　西町西　波路浦　高瀬　上毛　戎町上	○		
温泉津町上村（ゆのつちょうかみむら）	（〃）	上村	上村東　上村西			○
温泉津町飯原（ゆのつちょうはんばら）	（〃）	飯原	飯原上　飯原下			○
温泉津町西田（ゆのつちょうにしだ）	湯里村（〃）	西田	机原　矢滝　郷　町　老原			○
温泉津町湯里（ゆのつちょうゆざと）	（〃）	湯里	甲組　乙組　丙組　本郷　中組　中村　湯里松山　清水　淵江　願城寺　西垣内　野田			○
温泉津町福光（ゆのつちょうふくみつ）	福光村（〃）		箱坂　市林　白谷　森分　湊東　湊中　湊南　湊七区　湊八区　釜野都合　湊西			○
温泉津町今浦（ゆのつちょういまうら）	福浦村（〃）	今浦	今浦古川　今浦小池　今浦中　今浦西	○		

大　田　市

町　名	旧市町村及び大字名		通　称	小字の区域 有 全域	一部	廃止済
温泉津町吉浦	福浦村（温泉津町）	吉浦	吉浦東　吉浦地蔵町　吉浦上口　吉浦空口	○		
温泉津町井田	井田村（〃）	井田	上井田　隅田　城郷　中正路　津淵 井尻			○
温泉津町太田	（〃）	太田	太田一　太田二			○
温泉津町荻村	（〃）	荻村	上中荻　荻口　境橋			○
温泉津町福田	（〃）	福田	殿村　福田　横道			○
仁摩町仁万	仁万町（仁摩町）	仁万	立目　東山　大井手　栄　朝日 上本町　天神　灘港　本町　末広 戎　明神　八幡　高浜			○
仁摩町宅野	宅野村（〃）	宅野	本町　新町　鈩　西町　浜町 東町　宮口　夕永　向山　津辺 申神　山町　大原　久年			○
仁摩町大国	大国村（〃）	大国	宮村上　宮村下　和田　川西　中市 門谷　上市　狭平　草木原　柑子谷 上野　冠羽			○
仁摩町天河内	（〃）	天河内	寺ヶ内　白石　原井戸　日ノ本			○
仁摩町馬路	馬路村（〃）	馬路	本郷　友神畑　中町　向　西馬路 前馬路　西新町　北　東新町　朝日　南 東　西			○

安来市

市章
安来市の「安」の文字をモチーフとして、人と自然がいきいきと共存共栄し舞い踊るイメージをデザイン化した。緑色で、自然・発展調和。橙色で、陽光・人・活気。青色で、清らかな水・青空を表現した。
市の花 さくら
市の木 竹、もみじ（H27. 4. 1追加制定）
市の鳥 白鳥
市の魚 どじょう　（H19.11. 3制定）

人口等の状況	年月日	平成17.10.1	平成22.10.1	平成27.10.1
	人　口（人）	43,839	41,836	39,528
	世帯数（世帯）	12,876	12,820	12,805
	面　積（㎢）	420.97	420.97	420.93

〈市名の由来〉
　「安来」という名称は、風土記に記されている「神須佐鳴命天之壁立極り座しき時ここに座して詔く、吾御心は安来成と詔り玉えきかれ安来という」によるといわれている。

〈沿　革〉
　当市域は、古くは出雲国の東部「意宇郡」に属していたが、平安時代には「意宇郡」から分離し、仁多郡に属していた比田地域を合わせ「能義郡」として一つの行政区画となった。
　戦国時代には月山富田城を本拠とする尼子氏が、陰陽11州（現中国地方）に勢力を及ぼすまでに台頭し、170年もの間尼子氏6代の盛衰の地であり、戦国末期関が原の戦いの戦功により堀尾吉晴が入城し、その後松江に城を移すまで出雲地方の中心の地であった。
　江戸時代には松江藩、広瀬藩、母里藩の三つに分かれて統治され、現在の安来市が分割される状況であったが、松江藩の兄弟藩として広瀬藩、母里藩の財政は松江藩からの支援に頼るところが大きかった。
　また、山間地からの物資を伯太川、飯梨川を利用して運搬し、下流部である安来港が物資集積の積出港であったこともあり、地域の住民の行き来も比較的自由なものであったことが推測される。
　明治41年には米子～安来～松江間の鉄道が開通し、物流の流れが海路から陸路に徐々に移行していく。昭和3年には、広瀬鉄道が広瀬～荒島間に電車営業を開始し、伯陽電鉄が鳥取県（現在の南部町法勝寺）から母里まで路線を開通した。
　明治11年に公布された郡区町村編成法に基づき、現在の1市2町は能義郡として位置づけられ、広瀬町に能義郡役所が設置された。その後、明治22年の市制町村制施行により、能義郡内96町村が2町14村となり、昭和の大合併当時の姿になっていく。
　このように、位置関係、地縁関係等において古くから人やものの交流が行われており、経済、行政面で密接な連携が保たれ、生活・文化など連携した施策を行いながら平成16年10月1日新生「安来市」として合併した。
　本市は、古来より「たたら製鉄」によって産出された鉄の産地として栄えた歴史があり、現在も「たたら」の流れをくむ鉄鋼関連企業が集積しており、本市の基幹産業を形成している。
　「ヤスキハガネ」のブランドで、世界的な評価を得ている高級特殊鋼を主力製品とする日立金属㈱安来工場をはじめ複数の企業が、現在航空機産業への進出を目指しており、この分野での着実な市場成長が見込まれ、中小企業への波及効果も期待できる。
　また、「たたら製鉄」による鉄穴流しは、水環境と肥沃な農地を形成し県内有数の穀倉地帯となった。現在は、西日本有数の大型圃場整備事業が着々と進行し、生産コストの低減、地域農業の活性化が更に図られるものである。
　先に策定した第2次安来市総合計画においては、先人から育まれてきたものづくりの伝統と文化、潜在的な地域資源に磨き上げ、キラリと光る新たな町を創造していく決意を込めて「人が集い　未来を拓く　ものづくりと文化のまち」を将来像に掲げ、中海圏域とともに山陰両県を接合する市として、その発展が期待されている。

安来市

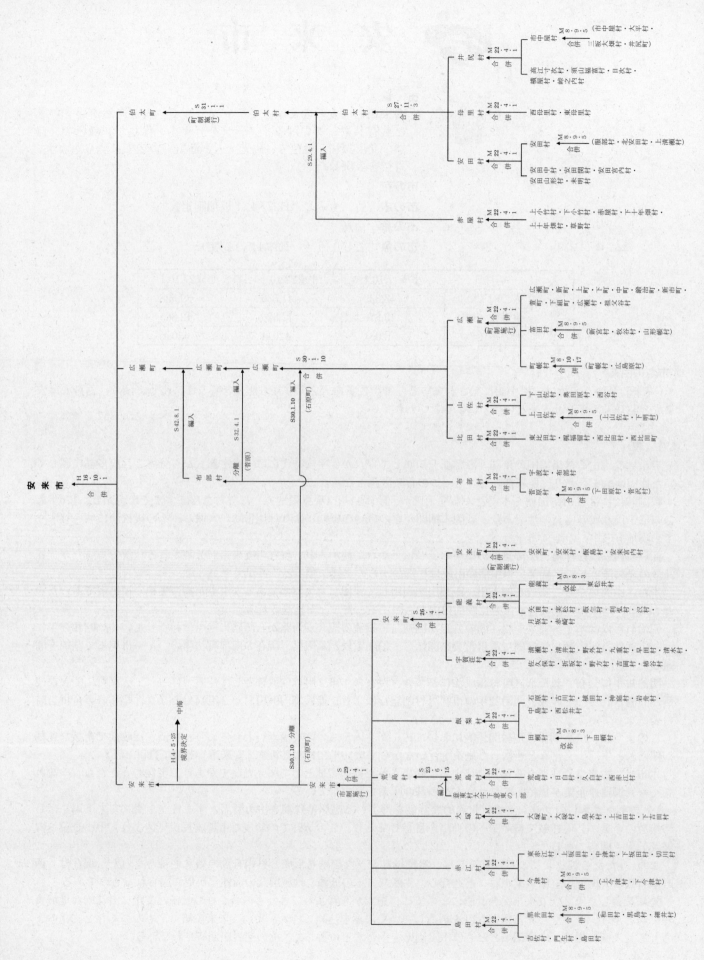

市町村名		安来市(やすぎし)				
市役所の位置		〒692-8686　安来市安来町878番地2		電話番号	0854－23－3000	

	年月日	合体編入等の別	関係市町村名
合併等の状況	昭23. 6.15	境界変更	意東村の一部（大字下意東の一部）を荒島村に
	26. 4. 1	合　体	安来町・能義村・宇賀荘村（安来町設置）
	27.11. 3	〃	井尻村・母里村・安田村（伯太村設置）
	29. 4. 1	〃（市制）	安来町・飯梨村・赤江村・荒島村・島田村・大塚村（安来市設置）
	〃	編　入	赤屋村を伯太村に
	30. 1.10	境界変更	安来市の一部（石原町）を広瀬町に
	〃	合　体	広瀬町・比田村・山佐村（広瀬町設置）
	31. 1. 1	（町制）	伯太村（伯太町設置）
	32. 4. 1	境界変更	布部村の一部（大字菅原）を広瀬町に
	42. 8. 1	編　入	布部村を広瀬町に
	平 4. 5.25	境界決定	中海（松江市・安来市・美保関町・東出雲町・八束町）
	16.10. 1	合　体	安来市・広瀬町・伯太町

町　名	旧市町村及び大字名		通　称					小字の区域		
								有		廃止済
								全域	一部	
宮内町(みやうちちょう)	安来町(安来市)	宮内	宮内町	東加茂町第二						○
安来町(やすぎちょう)	（〃）	安来	旭ヶ丘	東社日	社日町	八幡町	神田町			○
			西御幸	東御幸	日立町	加茂町	城谷町			
			南城谷町	東加茂町第一	桜が丘	大橋東				
			明治町	山中町	大市場	中市場	西小路第一			
			西小路第二	東小路	姫崎町	新町	西灘町			
			中町	港町	本町	朝日町	錦町			
			今村町							
南十神町(みなみとかみちょう)	（〃）	―	―							―
新十神町(しんとかみちょう)	（〃）	―	―							―
飯島町(はしまちょう)	（〃）	飯島	川尻町	錦ヶ丘	前飯島町	後飯島町第一				○
			後飯島町第二	新飯島町	藤木町	日立寮				
			日の出町	緑ヶ丘	桂が丘	南飯島	夕陽が丘			
			東飯島	咲楽町	ウィズ緑ヶ丘					

安 来 市

町　名	旧市町村及び大字名	通　称	小字の区域		廃止済
			全域	一部	
亀　島　町	－ (安来市)	－			－
矢　田　町	能義村 (　〃　)	矢　田			○
実　松　町	〃 (　〃　)	実　松			○
能　義　町	〃 (　〃　)	能　義			○
飯　生　町	〃 (　〃　)	飯　生			○
利　弘　町	〃 (　〃　)	利　弘			○
沢　　　町	〃 (　〃　)	沢			○
赤　崎　町	〃 (　〃　)	赤　崎			○
月　坂　町	〃 (　〃　)	月　坂	長谷津町　月坂町　月坂町第二		○
鳥　木　町	大塚村 (　〃　)	鳥　木			○
下吉田町	〃 (　〃　)	下吉田	横　手　正福寺　影　平　垣飯場		○
上吉田町	〃 (　〃　)	上吉田	鳴　滝　中　谷　細　井　永源寺　別　所 大光寺		○
大　塚　町	〃 (　〃　)	大　塚	茶屋町　松実町　殿川内町　丸山町　東町 国服町　本　町　旭　町　秋葉町　中ノ町 下　町　末広町　大栄町		○
古　川　町	飯梨村 (　〃　)	古　川			○
植　田　町	〃 (　〃　)	植　田			○
神　庭　町	〃 (　〃　)	神　庭			○
岩　舟　町	〃 (　〃　)	岩　舟			○
飯　梨　町	〃 (　〃　)	中　島	飯梨町　東飯梨町		○
西松井町	〃 (　〃　)	西松井			○
田　頼　町	〃 (　〃　)	田　頼	田頼町　津田平町		○
吉　岡　町	宇賀荘村 (　〃　)	吉　岡	吉岡町　吉岡町第二		○
野　方　町	〃 (　〃　)	野　方			○
折　坂　町	〃 (　〃　)	折　坂			○
柿　谷　町	〃 (　〃　)	柿　谷			○
清　瀬　町	〃 (　〃　)	清　瀬	清瀬町		○
清　井　町	〃 (　〃　)	清　井			○
宇賀荘町	〃 (　〃　)	野　外	新御堂　真　米　市　中		○

安来市

町名	旧市町村及び大字名		通称	小字の区域		廃止済
				有		
				全域	一部	
九重町 (くのうちょう)	宇賀荘村 (安来市)	九重				○
早田町 (そうだちょう)	〃 (〃)	早田	早田町　早田町第二			○
佐久保町 (さくぼうちょう)	〃 (〃)	佐久保				○
清水町 (きよみずちょう)	〃 (〃)	清水				○
荒島町 (あらしまちょう)	荒島村 (〃)	荒島	西荒島町　大西町　西中町　東中町　新田　東町　大東町　姥祖父町　西天神町　東天神町　南天神町　西旭町　駅前　旭本町　猪子塚町　青葉町　川原町　上荒島町　松崎町　やなぎヶ丘　御崎町			○
西赤江町 (にしあかえちょう)	〃 (〃)	西赤江	東旭町　山根町　南新町　山根町第二　西赤江町　神塚町第一　神塚町第二　安養寺団地			○
久白町 (くじらちょう)	〃 (〃)	久白	久白町　神塚町第三			○
日白町 (ひじらちょう)	〃 (〃)	日白				○
西荒島町 (にしあらしまちょう)	意東村	西荒島				○
吉佐町 (きさちょう)	島田村	吉佐				○
門生町 (かどうちょう)	〃 (〃)	門生				○
島田町 (しまたちょう)	〃 (〃)	島田	島田町　須崎町			○
中海町 (なかうみちょう)	― (〃)	―				―
恵乃島町 (えのしまちょう)	― (〃)	―				―
汐手が丘 (しおでがおか)	― (〃)	―				―
西恵乃島町 (にしえのしまちょう)	― (〃)	―				―
穂日島町 (ほひじまちょう)	― (〃)	―				―
黒井田町 (くろいだちょう)	島田村 (〃)	黒井田	東十神町第一　東十神町第二　西十神町　細井町　黒鳥町　和田町　わらび谷団地　和田団地（市）　和田団地（県）　高広　警察官舎　茜ヶ丘			○
赤江町 (あかえちょう)	赤江村 (〃)	東赤江	才下町　宮中川町　豊島町　越前町　出来須町　論田町　住吉町　中島町　宮須町第一　宮須町第二			○
東赤江町 (ひがしあかえちょう)	〃 (〃)	〃	別石町　福井町　福井住宅団地			○
中津町 (なかづちょう)	〃 (〃)	中津	西中津町　東中津町			○

安来市

町　名	旧市町村及び大字名	通　称	小字の区域		廃止済
			有		
			全域	一部	
上坂田町（かみさかだちょう）	赤江村（安来市）	上坂田			○
下坂田町（しもさかだちょう）	（〃）	下坂田　上今津町　下坂田町　新坂田町　さにーたうん			○
今津町（いまづちょう）	（〃）	今津　江畑今津町　灘今津町　今津中央			○
切川町（きれかわちょう）	（〃）	切川　臼井町　東切川町　内代町　天神原町　下の原町　印部町　山根越町　竹鼻町　井越町			○
広瀬町石原（ひろせちょういしはら）	飯梨村（広瀬町）	石原　上石原　下石原			○
広瀬町広瀬（ひろせちょうひろせ）	広瀬町（〃）	広瀬　祖父谷丁　殿町　中ノ丁　目谷　八幡町　新町　上町　志多町　本町　魚町　鍛冶町　新市町　旭町1　旭町2　栄町1　川平			○
広瀬町町帳（ひろせちょうまちちょう）	（〃）	町帳　栄町2			○
広瀬町富田（ひろせちょうとだ）	（〃）	富田　新宮　塩谷　牧谷　下田原			○
広瀬町祖父谷（ひろせちょうおじだに）	（〃）	祖父谷			○
広瀬町西比田（ひろせちょうにしひだ）	比田村（〃）	西比田　茅原　黒田　追神　市原　町　殿之奥　古市			○
広瀬町梶福留（ひろせちょうかじふくどめ）	（〃）	梶福留　庵之上　梶福留　駒場			○
広瀬町東比田（ひろせちょうひがしひだ）	（〃）	東比田　滝谷　虫木　永田　田中　松本　道城　前谷			○
広瀬町下山佐（ひろせちょうしもやまさ）	山佐村（〃）	下山佐　大谷紙屋谷　板橋　須釜　畑　常願寺　本郷上口　蕪谷　本郷下口　福頼　福頼団地　須谷			○
広瀬町上山佐（ひろせちょうかみやまさ）	（〃）	上山佐　上口　高木　待合　森口　宮内　中口　下明			○
広瀬町奥田原（ひろせちょうおくたわら）	（〃）	奥田原　山口　廻谷　中ノ輪　下ノ輪　新田			○

安 来 市

町　名	旧市町村及び大字名		通　称	小字の区域 有 全域	小字の区域 有 一部	廃止済
広瀬町西谷（ひろせちょうにしだに）	山佐村（広瀬町）	西谷	西谷第一　西谷本郷　西谷中谷　木呂畑 西谷東部			○
広瀬町菅原（ひろせちょうすがはら）	布部村（〃）	菅原	菅原1区　菅原2区　柿根			○
広瀬町布部（ひろせちょうふべ）	（〃）	布部	横手　後ヶ市　飯田　下布部　金原 上り原　根尾川原　本町　中曽根　西の谷 川原上　川原前　樋の廻　平野　乙見 川路			○
広瀬町宇波（ひろせちょううなみ）	（〃）	宇波	水田原　宮下　宮上　滝奥　滝下の上 滝下の下			○
伯太町安田（はくたちょうやすだ）	安田村（伯太町）	安田	横山　土手　清瀬　長田　的場谷 大熊谷　北谷　政　日の出団地　土井団地 曽根崎団地　日の出東　朝日が丘団地　安田団地			○
伯太町安田中（はくたちょうやすだなか）	（〃）	安田中	中の上　中の中　中の下　石堂前団地 宮中団地			○
伯太町安田宮内（はくたちょうやすだみやうち）	（〃）	安田宮内	宮内			○
伯太町未明（はくたちょうほのか）	（〃）	未明				○
伯太町安田山形（はくたちょうやすだやまがた）	（〃）	安田山形	粕原　峠下			○
伯太町安田関（はくたちょうやすだせき）	（〃）	安田関	関　南側			○
伯太町母里（はくたちょうもり）	母里村（〃）	母里	本町下A　本町下B　本町中　本町上 新町下A　新町下B　新町下C　新町中 新町上　下町　旭町			○
伯太町西母里（はくたちょうにしもり）	（〃）	西母里	卯月　招　御笠　西市　城山 教員住宅　招団地			○

安来市

町　名	旧市町村及び大字名		通　称	小字の区域		
				有		廃止済
				全域	一部	
伯太町東母里（はくたちょうひがしもり）	母里村（伯太町）	東母里	守合（しゅごう）　大木（おおぎ）　上古市（かみふるいち）　下古市（しもふるいち）　才ヶ峠（さいがたわ） 豊岡（とよおか）　豊原（とよはら）　原代（はらだい）　井戸（いど）　新下古市（しんしもふるいち） 御崎団地（みさきだんち）　わかさ			○
伯太町井尻（はくたちょういじり）	井尻村（〃）	井尻	下町下（しもまちしも）　下町上（しもまちかみ）　中町（なかまち）　朝日町（あさひまち）　後田大平（うしろだおおびら） 上町（かみまち）　和子（わこ）　多田荒堀（ただあらぼり）　三坂（みさか）　天神（てんじ）			○
伯太町須山福冨（はくたちょうすやまふくどめ）	（〃）	須山福冨	須山（すやま）　福冨（ふくどめ）			○
伯太町高江寸次（はくたちょうたかえすんじ）	（〃）	高江寸次	与一畑（よいちばた）　高江（たかえ）　寸次（すんじ）			○
伯太町日次（はくたちょうひなみ）	（〃）	日次	日次（ひなみ）			○
伯太町横屋（はくたちょうよこや）	（〃）	横屋	北之前（きたのまえ）　清水掻（こりかき）　横屋（よこや）　与市（よいち）			○
伯太町峠之内（はくたちょうたわのうち）	（〃）	峠之内	久才（くさい）　日山（ひやま）　矢白ヶ市東（やじらがいちひがし）　矢白ヶ市西（やじらがいちにし） 大郷（おおさと）			○
伯太町赤屋（はくたちょうあかや）	赤屋村（〃）	赤屋	赤屋下（あかやしも）　赤屋上（あかやかみ）　月坂（つきざか）　見土路（みどろ）　部張（へばり）			○
伯太町下小竹（はくたちょうしもおだけ）	（〃）	下小竹	本郷下（ほんごうしも）　本郷中（ほんごうなか）　本郷上（ほんごうかみ）　新田谷（しんでんだに）　奥之谷（おくのたに） 久之谷（くのたに）			○
伯太町上小竹（はくたちょうかみおだけ）	（〃）	上小竹	矢原下（やばらした）　矢原上（やばらうえ）　久根（くね）　永江（ながえ）　共和（きょうわ） 仲村（なかむら）			○
伯太町下十年畑（はくたちょうしもじゅうねんばた）	（〃）	下十年畑	用土（ようど）　東組（ひがしぐみ）　中組（なかぐみ）　大谷（おおだに）　上ヶ保（あげほ）			○
伯太町上十年畑（はくたちょうかみじゅうねんばた）	（〃）	上十年畑	下組（しもぐみ）　才ヶ原（さいがはら）　原田（はらだ）　坂原（さかはら）　宇丹波（うたんば）			○
伯太町草野（はくたちょうくさの）	（〃）	草野	草野下（くさのしも）　草野谷（くさのたに）　六呂坂（ろくろざか）　水木原（みずきばら）			○

（注）旧市町村名及び大字名に「－」の記述がある町名は、中海の埋立てによる町の区域

注：住居表示実施区域
　（平成12年7月1日実施）
　　汐手が丘

江津市

市　章

江津市の頭文字の「G」を基本にして、中央から外に向かって伸びる2枚の翼は石央の中核都市として飛躍する姿を表現するとともに、これを取り囲む円は「和」と「団結」をもって、より大きく、よりすばらしい希望に燃えて発展していく市の姿を象徴している。

市の花　つつじ

市の木　黒松（くろまつ）

人口等の状況	年月日	平成17.10.1	平成22.10.1	平成27.10.1
	人　口（人）	27,774	25,697	24,468
	世帯数（世帯）	10,769	10,320	10,123
	面　積（㎢）	268.51	268.51	268.24

〈市名の由来〉

「江津」という名称は、江の川河口に立地し、古来河海舟運の拠点となり、江の川の舟津から江津又は郷津と呼称されたことによる。

〈沿　革〉

当市域は、古くは那賀郡都農郷・都於郷、邇摩郡杵道郷・大家郷・邑智郡桜井郷に属した。石見の国府が最初那賀郡都農郷神主に置かれ、その後伊甘に移されたという説もあるが、現在のところ確証はない。中世期、大森の銀山が開発されると、周辺地域であるこの地は近隣の群雄による激しい争奪戦に巻き込まれている。

江戸期には、当市域のうち江の川以北及び以西のうち交通の要衝であった江津（郷田）は幕府銀山領に、長谷地区は津和野藩領に、他は浜田藩領となった。

江津は古来より陰陽連絡の動脈とされた江の川の下流域から日本海の結節点に位置し、特にこの時代には下り船の鉄・木材・薪炭・楮、上り船の米・塩・海産物の集散地として繁栄し、邑智郡の鉄はここを中心に大坂・北陸方面へ送られ、北陸の米・瀬戸内の塩などが入ってきた。また、江の川流域はたびたび水禍に悩まされたが、豊富な水資源と肥沃な土壌を利用して農業が盛んに行われた。

海岸砂丘地には早くからイワシ網を主体とした漁業集落が成立しており、この時代には山間部農村の人口流出を受け入れるなどして、漁業が盛んになった。海岸砂丘地の開拓も行われ、高角山地を中心とする鉄穴流しを利用した耕作化が行われた。現在の国道9号以北の海岸地帯は、承応年間（1652～1655年）から始まる砂丘地開拓によるものである。

江の川舟運の基地として発展した江津港は、大正9年山陰本線、昭和5年三江線の敷設により、急速に衰えたため、江の川の水資源を利用する工場誘致が行われ、周辺地域の森林資源を利用したパルプ工場の進出をみた。当市の地場産業としては、市域から良質な粘土資源が産出されることから、古くより瓦製造を中心とする窯業等が主要産業となっている。また、近年では再生可能エネルギーの普及が進み、大規模な風力発電施設や太陽光発電施設などの建設が進んでいる。

江津市

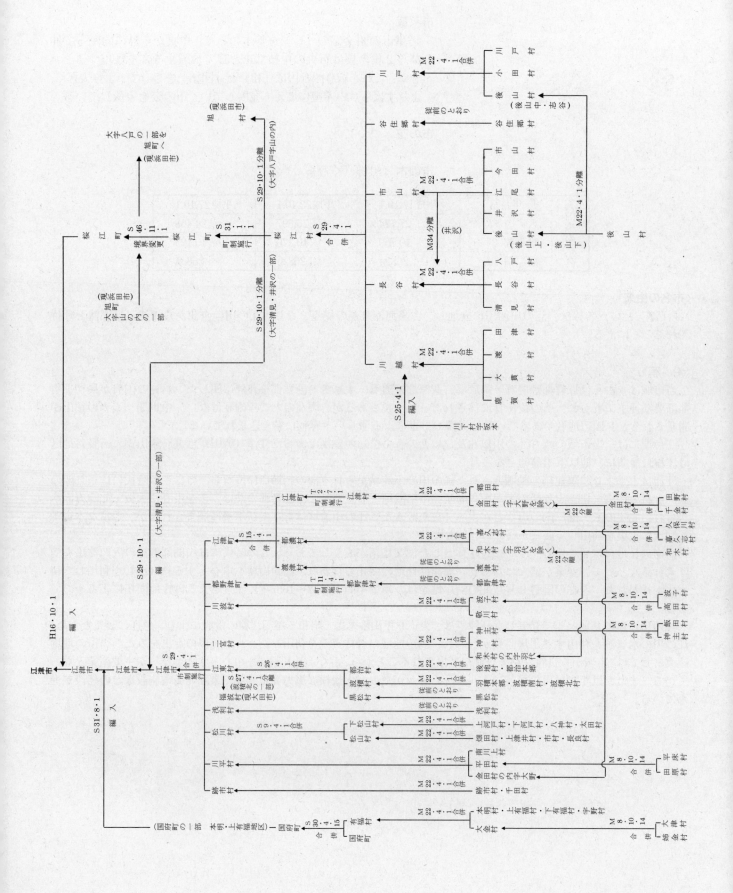

江 津 市

市町村名		江津市(ごうつし)					
市役所の位置		〒695-8501　江津市江津町1525番地			電話番号	0855－52－2501	

合併等の状況	年月日	合体編入等の別	関係市町村名
	昭25. 4. 1	境界変更	川下村の一部（字坂本）を川越村に
	26. 4. 1	合　体	都治村・黒松村・波積村（江東村設置）
	27. 4. 1	境界変更	江東村の一部（大字波積北の一部）を福波村へ
	29. 4. 1	合　体（市制）	江津町・都野津町・川波村・跡市村・松川村・川平村・江東村・二宮村・浅利村（江津市設置）
	〃	〃	川戸村・谷住郷村・市山村・長谷村・川越村（桜江村設置）
	29.10. 1	境界変更	桜江村の一部（大字清見・井沢の一部）、桜江町大字八戸の一部を旭村へ
	31. 1. 1	（町制）	桜江村（桜江町）
	31. 8. 1	境界変更	国府町の一部（大字本明・上有福）
	46.11. 1	〃	旭町の一部（大字山の内の一部）を桜江町へ、桜江町大字八戸の一部を旭町へ
	平16.10. 1	編　入	桜江町

町　名	旧市町村及び大字名		通　称					小字の区域		廃止済
								全域	一部	
江津町(ごうつちょう)	江津町（江津市）	郷田	上新町	下新町	上泉町	下泉町	島の星			○
			本町	北町	曙町	高浜	海岸通り			
			玉江町	東高砂	西高砂	港町	星島住宅			
金田町(かねたちょう)	（〃）	金田	千金	奥谷	田ノ村	大野				○
嘉久志町(かくしちょう)	（〃）	嘉久志	西屋口	寺側	蛭子南	蛭子北	根木東			○
			根木西	土床	久保川	新谷	分田谷			
			島屋谷							
和木町(わきちょう)	（〃）	和木	地下	浜口	新開	向ノ浜	山ノ内			○
			北新地	南新地						
渡津町(わたづちょう)	（〃）	渡津	塩田	嘉戸	渡津	長田				○
波子町(はしちょう)	川波村（〃）	波子	高田	新屋敷	宇津	弓原	椎ノ木平			○
			高田浜	才ヶ峠						
敬川町(うやがわちょう)	（〃）	敬川	無林島	東口	芝口	沢田口	敷名口			○
			上口	大河口	長原	横路	港			
			浜口	沖ノ浜	佐名目	小野	大峠			

江津市

町　名	旧市町村及び大字名		通　称					小字の区域		
								有		廃止済
								全域	一部	
都野津町（つのづちょう）	都野津町（江津市）	都野津	都野津（つのづ）　山ノ内（やまのうち）　遠見ヶ丘（とおみがおか）							○
二宮町神主（にのみやちょうかんぬし）	二宮村（〃）	神主	神主郷（かんぬしごう）　飯田（いいだ）　恵良（えら）　宮ノ谷（みやのたに）　青山（あおやま）							○
二宮町神村（にのみやちょうかむら）	（〃）	神村								○
二宮町羽代（にのみやちょうはしろ）	（〃）	羽代								○
千田町（ちだちょう）	跡市村（〃）	千田	後谷（うしろだに）　中千田（なかちだ）　大野谷（おおのだに）　大佐張（おおさばり）　大年迫（おとさこ）							○
跡市町（あといちちょう）	（〃）	跡市	舞立（まいだち）　出り原（いずりはら）　金口（かなくち）　大久保（おおくぼ）　谷金（たにがね）							○
			目出（めいだ）　新町（しんまち）　町東（まちひがし）　町西（まちにし）　生り畑（おおりばたけ）							
			小原（こばら）　長瀬（ながせ）　小田（おだ）							
有福温泉町本明（ありふくおんせんちょうほんみょう）	有福村（〃）	本明	本明（ほんみょう）　福田（ふくだ）							○
有福温泉町上有福（ありふくおんせんちょう）	（〃）	上有福	郷西（ごうにし）　郷東（ごうひがし）　湯町西（ゆまちにし）　湯町東（ゆまちひがし）							○
川平町南川上（かわひらちょうみなみかわのぼり）	川平村（〃）	南川上	鈩（たら）　奥谷（おくたに）　田ノ原上（たのはらかみ）　田ノ原下（たのはらしも）　中山（なかやま）							○
			鍛冶屋谷（かじやたに）　矢ヶ谷（やがだに）　赤栗（あかぐり）　片山（かたやま）							
川平町平田（かわひらちょうひらた）	（〃）	平田	瀬尻（せじり）　空城上（そらじょうかみ）　空城下（そらじょうしも）　下城（しもじょう）　平床（ひらとこ）							○
			芦山谷（あしやまたに）　沖口（おきぐち）　後谷（うしろだに）							
松川町市村（まつかわちょういちむら）	松川村（〃）	市村	市村上（いちむらかみ）　市村下（いちむらしも）							○
松川町長良（まつかわちょうながら）	（〃）	長良	上長良（かみながら）　中長良（なかながら）　下長良（しもながら）　呂木（ろぎ）　久坪（くつぼ）							○
松川町上津井（まつかわちょうかんづい）	（〃）	上津井	大矢（おおや）　上上津井（かみかんづい）　中上津井（なかかんづい）　下上津井（しもかんづい）							○
松川町畑田（まつかわちょうはただ）	（〃）	畑田	上畑田（かみはただ）　下畑田（しもはただ）　郷畑田（ごうはただ）							○
松川町上河戸（まつかわちょうかみかわど）	（〃）	上河戸	上河戸東（かみかわどひがし）　上河戸西（かみかわどにし）							○
松川町下河戸（まつかわちょうしもかわど）	（〃）	下河戸	下河戸東（しもかわどひがし）　下河戸西（しもかわどにし）							○

江津市

町　名	旧市町村及び大字名		通　称	小字の区域 有 全域	小字の区域 有 一部	廃止済
松川町八神（まつかわちょうやかみ）	松川村（江津市）	八神	八神　細川			○
松川町太田（まつかわちょうおおた）	〃	太田	太田東　太田西			○
浅利町（あさりちょう）	浅利村（〃）	浅利	曙町　上町　宮町　旭町　金川口			○
黒松町（くろまつちょう）	黒松村（〃）	黒松	倉谷　向浜　中町　東町　内の浦			○
波積町本郷（はづみちょうほんごう）	波積村（〃）	波積本郷	反坂　岩竜寺谷　弓場　城下　竹森 高橋　中央　愛宕　二川			○
波積町南（はづみちょうみなみ）	〃	波積南	本谷上　本谷下　中向井上　中向井下　高山上 高山下			○
波積町北（はづみちょうきた）	〃	波積北	嘉地屋　割石　瀬井谷　空口　槙ノ前 越多田　滝尻　高下　元太			○
都治町（つちちょう）	都治村（〃）	都治本郷	下都治　中都治　新田　上都治北　上都治南			○
後地町（うしろじちょう）	〃	後地	青波　波来浜　尾浜　藪　本谷 松井区			○
井沢町（いそうちょう）	長谷村（〃）	井沢	井沢上　井沢下			○
清見町（せいみちょう）	〃	清見	清見東　清見西			○
島の星町（しまのぼしちょう）	江津町跡市村（〃）					○
桜江町長谷（さくらえちょうながたに）	長谷村（桜江町）	長谷	長谷西　長谷東　山中東　山中西　山中郷			○
桜江町八戸（さくらえちょうやと）	〃	八戸	八戸西　八戸東　勝地			○
桜江町市山（さくらえちょういちやま）	市山村（〃）	市山	小一山　本谷　市東　本町			○
桜江町今田（さくらえちょういまだ）	〃	今田				○
桜江町江尾（さくらえちょうえのお）	〃	江尾				○

江津市

町名	旧市町村及び大字名	通称	小字の区域 有 全域	一部	廃止済
桜江町後山（さくらえちょううしろやま）	市山村 川戸村（桜江町）	後山 後山上（うしろやまかみ） 後山中（うしろやまなか） 後山下（うしろやましも） 志谷（したに）			○
桜江町小田（さくらえちょうおだ）	川戸村（〃）	小田 小田上（おだかみ） 小田下（おだしも）			○
桜江町川戸（さくらえちょうかわど）	（〃）	川戸 町（まち） 高尾（たかお） 三田地（みたじ） 川戸（かわど）			○
桜江町谷住郷（さくらえちょうたにじゅうごう）	谷住郷村（〃）	谷住郷 大口（おおくち） 下ノ原（しものはら） 市（いち） 船津（ふなつ） 妙見谷（みょうけんだに） 天神郷（てんじんごう） 谷（たに） 押手（おしで） 入野（いりの） 長戸路（ながとろ）			○
桜江町川越（さくらえちょうかわごえ）	川越村（〃）	渡村 川越（かわごえ） 渡田（わただ）			○
桜江町坂本（さくらえちょうさかもと）	川下村（〃）				○
桜江町鹿賀（さくらえちょうしかが）	川越村（〃）	鹿賀			○
桜江町田津（さくらえちょうたづ）	（〃）	田津			○
桜江町大貫（さくらえちょうおおぬき）	（〃）	大貫 上大貫（かみおおぬき） 下大貫（しもおおぬき）			○

雲南市

市 章
雲南市の「U」をモチーフに、「いきいきとした自然・人・街（ふるさと）」「生命（いのち）と神話が息づく新しい日本のふるさと」をイメージし、全体として、未来に向かって躍動・発展する雲南市を力強く表現している。

市の花　桜　（H18.12.21制定）

市の木　イチョウ（　〃　）

人口等の状況	年月日	平成17.10.1	平成22.10.1	平成27.10.1
	人口（人）	44,403	41,917	39,032
	世帯数（世帯）	12,990	12,905	12,527
	面積（㎢）	553.37	553.37	553.18

〈市名の由来〉

　「雲南」という名称は、旧国名「出雲」の南に位置する地方の意味として、近代（明治）以降使用され、平成の大合併前の旧大原郡、旧飯石郡、旧仁多郡をあわせて「雲南3郡」と呼ぶなど、古くからこの地方を表す呼び名として定着していた。

　そのため、市内には「雲南」の名称を用いた企業、団体などが多数あることや、地域別天気予報にも雲南地方として表示されるなど、住民生活の中で多く使用されていた。このことから、誰もがなじみやすく愛着の持てる「雲南」という地名を継承し、新しい市の名称を「雲南市」とした。

〈沿革〉

　当市域は、ヤマタノオロチ伝説で知られる斐伊川の清流や、各地に神話や伝説にまつわる名勝や伝統芸能が継承され、また加茂岩倉遺跡など多くの遺跡や古墳が発掘されている古来より優れた文化を育む歴史的遺産に恵まれた地域である。こうした遺跡や地名の由来や歴史は、「出雲国風土記」にたどることができる。

　市北部の斐伊川とその支流周辺の低地では、肥沃な土地が広がり古くから農耕が盛んに営まれ、中世には農産物を中心とする市が開かれるようになった。また、舟運の要衝であったことから、中世には尼子、毛利両勢の接触点としてたびたび戦場となったが、江戸期には舟運の助けによって物資の集散地として活況を呈した。

　市南部の中国山地に至る広範な山間地では、古くから砂鉄を利用した製鉄や良質な材木の伐採、製炭が中心に行われてきた。製鉄は、中世に耐火粘土による鋼炉が築造されたことにより大きく躍進し、日露戦争当時に旺盛を極めたが、明治後期以降洋鉄に押されて衰退した。また、製炭も長く地域の経済を支えてきたが、昭和30年代以降のエネルギー政策の転換によって、その生産量は急激に低落した。

　当市の行政区域は、江戸期には松江藩に属し、廃藩置県後の明治初期当時は約120の村に分かれていた。その後、明治22年の町村制施行、昭和27年から33年にかけての昭和の大合併により、大原郡大東町、同加茂町、同木次町、飯石郡三刀屋町、同吉田村、同掛合町に再編された。平成期に入り、地方分権時代の到来や生活圏域と行政圏域の不整合に対応するための新たな町村合併が必要となり、平成16年11月1日にこの6町村が合併し雲南市として市制を施行することとなった。

　当市は、「生命と神話が息づく新しい日本のふるさとづくり」の基本理念の下に、陰陽を結ぶ新たな中核交流拠点都市を目指しているが、少子高齢化の進行、逼迫する財政状況などが今後の課題となっている。そうした中、農山村の豊かな自然、美しい景観、伝統文化や歴史、食の安全性などへの人々の関心が大きく高まり、それらの地域資源を豊富に持つ本市の取り組みに大きな期待が寄せられている。

雲南市

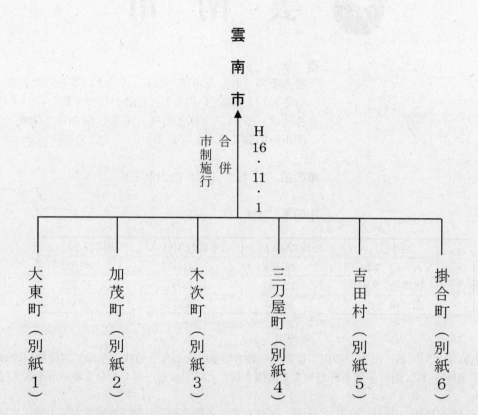

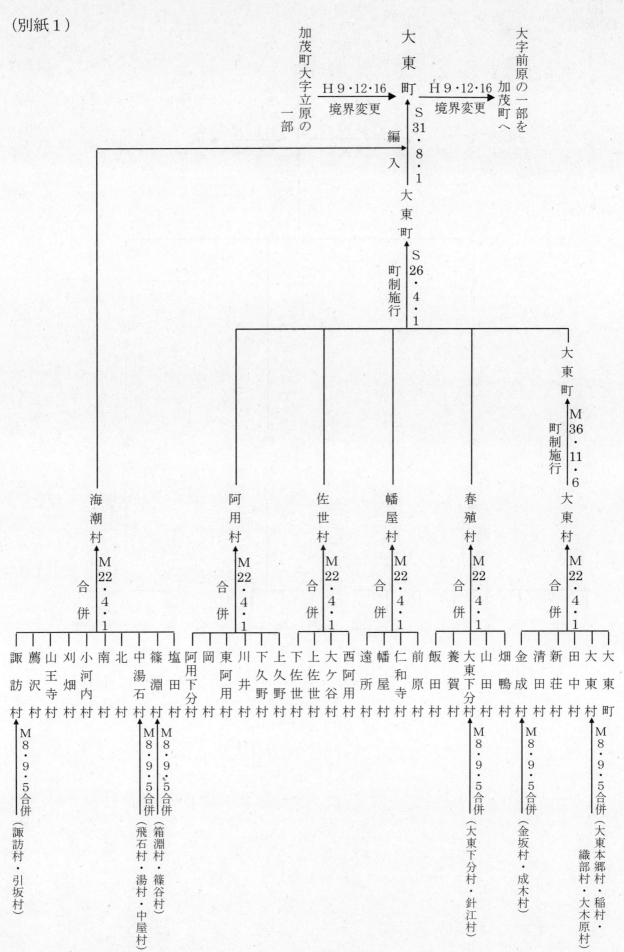

雲南市

（別紙２）

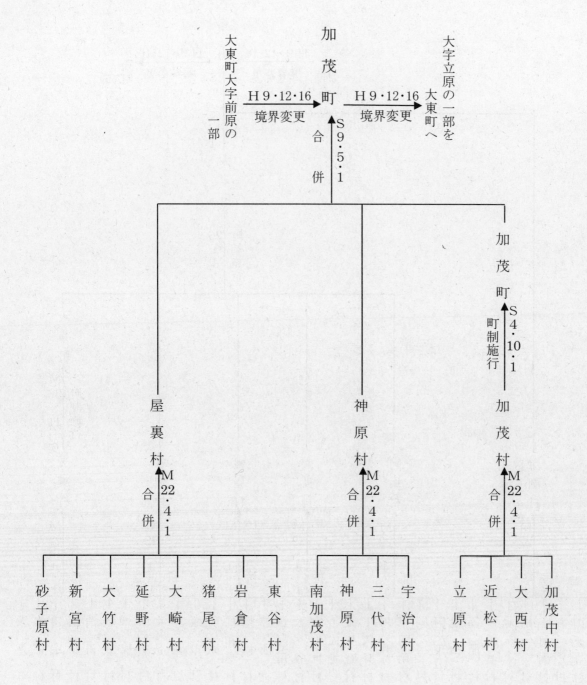

雲南市

(別紙3)

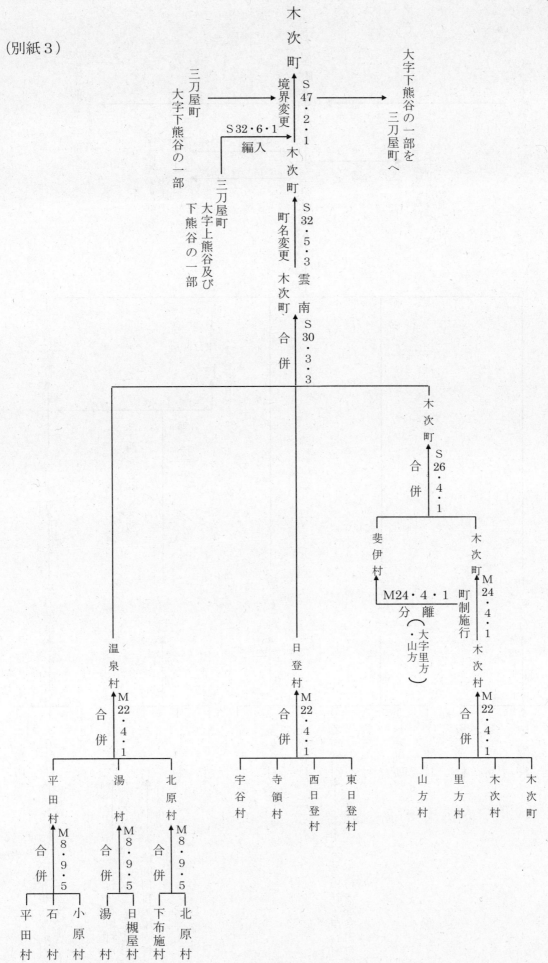

雲南市

（別紙4）

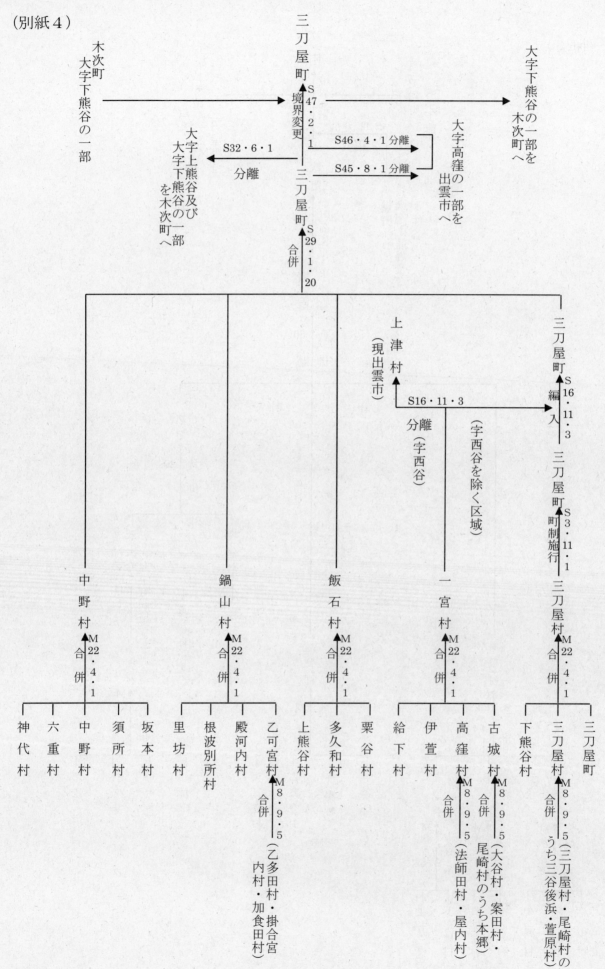

雲南市

(別紙5)

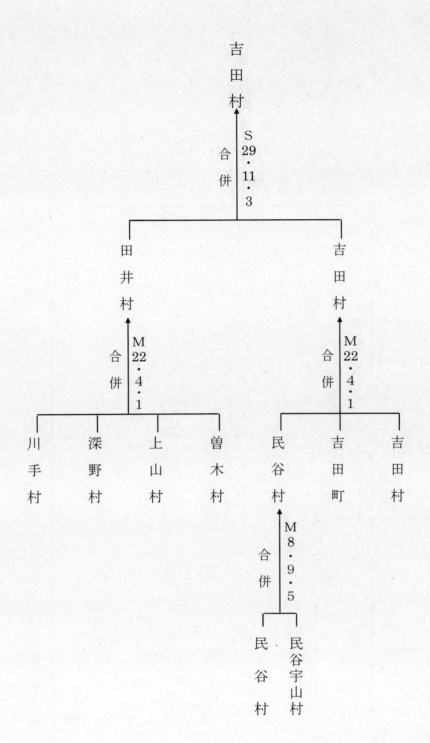

雲南市

(別紙6)

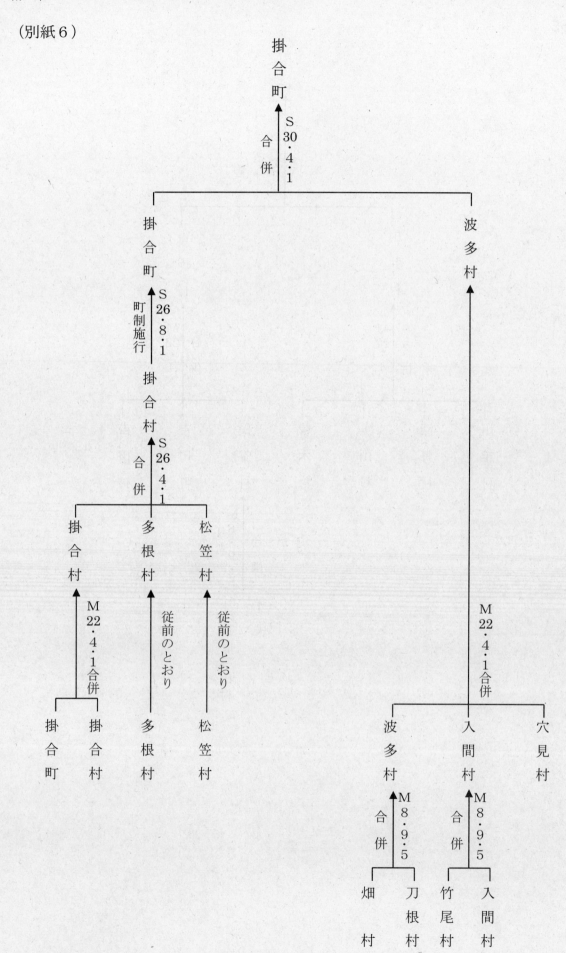

雲南市

市町村名		雲南市（うんなんし）		
市役所の位置		〒699-1392　雲南市木次町里方521番地1	電話番号	0854－40－1000

	年月日	合体編入等の別	関係市町村名
合併等の状況	昭9.5.1	合　体	加茂町・神原村・屋裏村（加茂町設置）
	26.4.1	〃	大東町・春殖村・幡屋村・佐世村・阿用村（大東町設置）
	〃	〃	木次町・斐伊村（木次町設置）
	〃	〃	掛合村・多根村・松笠村（掛合村設置）
	26.8.1	（町制）	掛合村（掛合町）
	29.1.20	合　体	三刀屋町・鍋山村・飯石村・中野村（三刀屋町設置）
	29.11.3	〃	吉田村・田井村（吉田村設置）
	30.3.3	〃	日登村・温泉村・木次町（雲南木次町設置）
	30.4.1	〃	掛合町・波多村（掛合町設置）
	31.4.1	編　入	海潮村を大東町に
	32.5.3	（町名変更）	雲南木次町（木次町）
	32.6.1	境界変更	三刀屋町大字上熊谷及び下熊谷の一部を木次町へ
	45.8.1	〃	三刀屋町大字高窪の一部を出雲市へ
	46.4.1	〃	三刀屋町大字高窪の一部を出雲市へ
	47.2.1	〃	三刀屋町大字下熊谷の一部を木次町へ、木次町大字下熊谷の一部を三刀屋町へ
	平9.12.16	〃	加茂町大字立原の一部を大東町へ、大東町大字前原の一部を加茂町へ
	16.11.1	合　体（市制）	大東町・加茂町・木次町・三刀屋町・吉田村・掛合町

町名	字名	旧市町村及び大字名		通　称					小字の区域		廃止済
									有		
									全域	一部	
大東町（だいとうちょう）	大東（だいとう）	大東町（大東町）	大東	東町上（ひがしまちかみ）	東町中（ひがしまちなか）	東町下（ひがしまちしも）	東町南（ひがしまちみなみ）	上町（かみまち）			○
				中町（なかまち）	本町（ほんまち）	南本町（みなみほんまち）	西本町（にしほんまち）	西町（にしまち）			
				神田町（かんだまち）	北町（きたまち）	大木原（おおぎはら）	越戸（こしど）	古城（こじょう）			
				織部（おりべ）	光（ひかり）	東町北（ひがしまちきた）					
〃	田中（たなか）	（〃）	田中	田中上（たなかかみ）	田中下（たなかしも）						○
〃	新庄（しんじょう）	（〃）	新庄	新庄西（しんじょうにし）	新庄東（しんじょうひがし）	新庄南（しんじょうみなみ）					○
〃	清田（せいだ）	（〃）	清田								○
〃	金成（かねなり）	（〃）	金成	金成下（かねなりしも）	金成上（かねなりかみ）						○
〃	飯田（いいだ）	春殖村（〃）	飯田	泉谷（いづみだに）	柿坂（かきさか）	駅前（えきまえ）					○

雲 南 市

町 名	字名	旧市町村及び大字名		通 称	小字の区域		
					有		廃止済
					全域	一部	
大東町	養賀(ようか)	春殖村(大東町)	養賀	上組(かみぐみ) 宮ノ下(みやのした) 中組(なかぐみ) 下組(しもぐみ)			○
〃	大東下分(だいとうしもぶん)	(〃)	大東下分	本町(ほんまち) 横町(よこまち) 上げ(あげ) 山王(さんのう) 越前(こしまえ)			○
				針江(はりえ) 向島(むこうじま) 馬田寺(ばでんじ)			
〃	山田(やまだ)	(〃)	山田	荒井町(あらいまち) 城之越(じょうのこし) 馬場(ばば) 高峯(こうのみね) 松尾(まつお)			○
〃	畑鵯(はたひよどり)	(〃)	畑鵯	下鵯(しもひよどり) 芦谷(あしだに) 鵯畑(ひよどりはた)			○
〃	前原(まえばら)	幡屋村(〃)	前原	前原一(まえばらいち) 前原二(まえばらに)			○
〃	仁和寺(にんなじ)	(〃)	仁和寺	下原口(しもはらぐち) 中原口(なかはらぐち) 郡屋(こうりや) 上原口(かみはらぐち) 大多和(おおたわ)			○
				山根口(やまねぐち) 尾崎(おさき) 西廻(にしざこ) 本岩根(ほんいわね) 中岩根(なかいわね)			
				九量(くりょう) 上仁和寺(かみにんなじ) 上組(かみぐみ)			
〃	幡屋(はたや)	(〃)	幡屋	下組(しもぐみ) 石井谷(いしいだに) 中組(なかぐみ) 西谷(にしだに) 宮内谷(みやうちだに)			○
				宮之谷(みやのたに)			
〃	遠所(えんじょ)	(〃)	遠所	下遠所(しもえんじょ) 中遠所(なかえんじょ) 奥遠所(おくえんじょ)			○
〃	下佐世(しもさせ)	佐世村(〃)	下佐世	神代(かみよ) 杉谷(すぎだに) 潤谷(うるうだに) 狩山(かりやま) 城山(じょうざん)			○
				中筋(なかすじ) 原口(はらぐち) 芹谷(せりだに)			
〃	上佐世(かみさせ)	(〃)	上佐世	免別(めんべつ) 半戸(はんど) 宮下(みやしも) 宮上(みやかみ) 表佐世(おもてさせ)			○
〃	大ヶ谷(おおかだに)	(〃)	大ヶ谷	川筋(かわすじ) 後谷(うしろだに)			○
〃	西阿用(にしあよう)	(〃)	西阿用	師弟(して) 若木(わかき) 本郷(ほんごう) 峯(みね) 日南(ひな)			○
				陰地(おんじ)			
〃	上久野(かみくの)	阿用村(〃)	上久野	大聖(たいせい) 日向(ひなた) 大井(おおい) 長谷(ながたに) 下区(しもく)			○
〃	下久野(しもくの)	(〃)	下久野	上組(かみぐみ) 段原(だんばら) 中組(なかぐみ) 殿井敷(とのいしき) 下組(しもぐみ)			○
〃	川井(かわい)	(〃)	川井	清久上(せいきゅうかみ) 清久下(せいきゅうしも)			○
〃	東阿用(ひがしあよう)	(〃)	東阿用	東上(ひがしかみ) 宮内(みやうち) 上市場(かみいちば) 福富(ふくとみ)			○
〃	岡村(おかむら)	(〃)	岡村	明賀谷(みょうがだに) 中盛(なかもり) 下岡(しもおか)			○
〃	下阿用(しもあよう)	(〃)	下阿用	横手谷(よこてだに) 掛屋(かけや) 三峠(みそね) 川西(かわにし) 西の宮(にしのみや)			○
				柿の本(かきのもと)			
〃	山王寺(さんのうじ)	海潮村	山王寺	山王寺本郷(さんのうじほんごう) 和野(わの)			○
〃	薦沢(こもざわ)	(〃)	薦沢				○
〃	須賀(すが)	(〃)	須賀	須賀(すが) 八所(はっそ) 引坂(ひきさか)			○
〃	北村(きたむら)	(〃)	北村				○
〃	中湯石(なかゆいし)	(〃)	中湯石	中屋(なかや) 温泉(おんせん) 飛石(とびいし) 室谷(むろだに)			○

— 152 —

雲南市

町名	字名	旧市町村及び大字名	通称	小字の区域 有 全域	小字の区域 有 一部	廃止済
大東町	南村	海潮村（大東町）	南村			○
〃	小河内	（〃）	小河内			○
〃	刈畑	（〃）	刈畑　森木　奥山			○
〃	塩田	（〃）	塩田			○
〃	篠淵	（〃）	篠淵　笹谷　箱淵			○
加茂町	加茂中	加茂町（加茂町）	加茂中　上町　中町　本町　新町　旭町　栄町　東町　前廻田　奥廻田　中村上　中村中　中村下　星野　中村団地　若月住宅　外原町　加茂中団地　雲並			○
〃	立原	（〃）	立原			○
〃	近松	（〃）	近松			○
〃	大西	（〃）	大西　南大西　北大西			○
〃	南加茂	神原村（〃）	南加茂　南加茂東　南加茂西　飯の木			○
〃	宇治	（〃）	宇治　宇治上　宇治東　宇治北　才明寺　宇治団地　宇治亀山団地			○
〃	神原	（〃）	神原　神原東　神原西　下神原　松ノ前			○
〃	三代	（〃）	三代　高見　愛宕　段部　岡			○
〃	大竹	屋裏村（〃）	大竹　大竹上　大竹下			○
〃	延野	（〃）	延野			○
〃	大崎	（〃）	大崎			○
〃	猪尾	（〃）	猪尾　猪尾　中山団地			○
〃	岩倉	（〃）	岩倉　畑　岩倉			○
〃	東谷	（〃）	東谷　東谷北　東谷谷　東谷南　東谷団地			○
〃	砂子原	（〃）	砂子原　砂子原上　砂子原中　砂子原下　昭和			○
〃	新宮	（〃）	新宮　昭和			○
木次町	木次	木次町（木次町）	木次　八日市　三日市　新町　村方　澄水			○
〃	里方	斐伊村（〃）	里方　朝日　共和　中組　苑原　塔之村　里熊			○
〃	山方	（〃）	山方　北側　上口　浜谷			○

雲 南 市

町 名	字 名	旧市町村及び大字名	通 称	小字の区域 有 全域	小字の区域 有 一部	廃止済
木次町	西日登 (にしひのぼり)	日登村 (木次町)	西日登	吉井　能間　案内　久の元　水谷 大島　引野　芦原　瀬の谷		○
〃	東日登 (ひがしひのぼり)	〃 (〃)	東日登	万場　坂本口　小川上　天殿　東大谷		○
〃	寺領 (じりょう)	〃 (〃)	寺領	川上　大川　小川　宇山		○
〃	宇谷 (うだに)	〃 (〃)	宇谷	本谷　中谷		○
〃	新市 (しんいち)	〃 (〃)	新市			○
〃	湯村 (ゆむら)	温泉村 (〃)	湯村	槻屋　湯村		○
〃	平田 (ひらた)	〃 (〃)	平田	平田　尾原		○
〃	北原 (きたはら)	〃 (〃)	北原	北原　尾白		○
〃	上熊谷 (かみぐまたに)	飯石村 (〃)	上熊谷	中之段　正理		○
〃	下熊谷 (しもぐまたに)	三刀屋町 (〃)	下熊谷			○
三刀屋町 (みとやちょう)	三刀屋 (みとや)	〃 (三刀屋町)	三刀屋	五反田　滝谷　上萱原　上町　中町 下町　三谷　下萱原　地王　旭町 基町　東町　西の原　横町　畑ヶ中 駅前　梅が丘		○
〃	下熊谷 (しもくまたに)	〃 (〃)	下熊谷			○
〃	給下 (きゅうした)	〃 (〃)	給下	上給下　中給下　宮谷　八幡　馬場 若宮　小原		○
〃	伊萱 (いがや)	〃 (〃)	伊萱	伊萱上　寺谷　下谷		○
〃	高窪 (たかくぼ)	〃 (〃)	高窪	後谷上　後谷下　屋内上　屋内下		○
〃	古城 (こじょう)	〃 (〃)	古城	大谷　前谷　後谷　下口　尾崎上 尾崎下　成畑　大門町		○
〃	多久和 (たくわ)	飯石村 (〃)	多久和	上口　中口　市場　下口　大蔵 埣谷		○
〃	上熊谷 (かみくまたに)	〃 (〃)	上熊谷	上之段		○
〃	粟谷 (あわだに)	〃 (〃)	粟谷	郷谷		○
〃	乙加宮 (おつかみや)	鍋山村 (〃)	乙加宮	上乙多田　下乙多田　鳥目槙原　深谷　郷 粟原　禅定　宮内		○
〃	根波別所 (ねばべっしょ)	〃 (〃)	根波別所	前根波下　作石　後根波　赤目谷　前根波中		○
〃	里坊 (さとぼう)	〃 (〃)	里坊	畑　郷上　郷下　後		○

雲南市

町名	字名	旧市町村及び大字名	通称					小字の区域		
								有 全域	有 一部	廃止済
三刀屋町	殿河内	鍋山村(三刀屋町)	殿河内	大田	明石	殿河内上	殿河内下	御城山			○
				成木	下津原						
〃	神代	〃(〃)	神代								○
〃	六重	〃(〃)	六重	六重下	六重中	六重上					○
〃	中野	〃(〃)	中野	紙屋	堂々	宮畑	下谷				○
〃	須所	〃(〃)	須所	須所下	須所上						○
〃	坂本	〃(〃)	坂本	森谷	郷	南側	檜杉谷				○
吉田町	吉田	吉田村(吉田村)	吉田町	上町	下町	川原町				○	
		〃(〃)	吉田村	芦谷	杉戸	梅木	菅谷	高殿	○		
				川尻	大吉田						
〃	民谷	〃(〃)	民谷	民谷	宇山				○		
〃	曽木	田井村(〃)	曽木						○		
〃	上山	〃(〃)	上山						○		
〃	深野	〃(〃)	深野						○		
〃	川手	〃(〃)	川手						○		
掛合町	掛合	掛合村(掛合町)	掛合	川上	井原谷	大向	平岩	上町			○
				中町	下町	西側	郡	十日市			
				松尾	穴見谷	上佐中	中佐中	下佐中			
				金原	大志戸	奥明	西谷	緑ヶ丘			
〃	多根	多根村(〃)	多根	上多根	中多根	萱野	舟津	下多根			○
				志食	長廻						
〃	松笠	松笠村(〃)	松笠	菅原	保関谷	大谷	矢谷	中組			○
				下組	北迫	滝谷					
〃	入間	波多村(〃)	入間	本谷	宮崎	竹之尾	出来山	八重滝			○
				寺谷上	寺谷下						
〃	穴見	〃(〃)	穴見								○
〃	波多	〃(〃)	波多	上刀根	下刀根	宮内	朝原	福田			○
				柄栗	郷	小原	成田上	栄町			
				中町	新町	上町	元上町				

2 郡 の 部

町 村 数　　　　10町1村

仁 多 郡（1町　　：奥出雲町）
飯 石 郡（1町　　：飯南町）
邑 智 郡（3町　　：川本町・美郷町・邑南町）
鹿 足 郡（2町　　：津和野町・吉賀町）
隠 岐 郡（3町1村：海士町・西ノ島町・知夫村・隠岐の島町）
　※八束郡（1町）、簸川郡（1町）はH23年度市町合併により消滅

平成17年10月1日

人口等の状況	郡　名	八束郡	仁多郡	飯石郡	簸川郡	邑智郡	鹿足郡	隠岐郡
	人口（人）	14,193	15,812	5,979	27,444	23,179	16,877	23,696
	世帯数（世帯）	4,520	4,874	2,066	7,717	8,715	6,471	9,878
	面積（km²）	42.64	368.06	242.84	80.64	808.53	643.38	346.19

※人口及び世帯数は、平成17年国勢調査確定値による。
※面積は、平成17年全国都道府県市区町村別面積（国土地理院）による。

平成23年10月1日

人口等の状況	郡　名	〔八束郡〕（東出雲町）松江市に編入	仁多郡	飯石郡	〔簸川郡〕（斐川町）出雲市に編入	邑智郡	鹿足郡	隠岐郡
	人口（人）	(14,355)	14,456	5,534	(27,689)	21,210	15,237	21,688
	世帯数（世帯）	(4,709)	4,713	1,944	(8,228)	8,333	6,216	9,323
	面積（km²）	(42.64)	368.06	242.84	(80.64)	808.53	643.38	346.22

※人口及び世帯数は、平成22年国勢調査確定値による。
※面積は、平成22年全国都道府県市区町村別面積（国土地理院）による。
※八束郡東出雲町は平成23年8月1日付けで松江市に編入、簸川郡斐川町は同年10月1日付けで出雲市に編入。

平成27年10月1日

人口等の状況	郡　名	〔八束郡〕（東出雲町）松江市に編入	仁多郡	飯石郡	〔簸川郡〕（斐川町）出雲市に編入	邑智郡	鹿足郡	隠岐郡
	人口（人）	(15,221)	13,063	5,031	(28,009)	19,443	14,027	20,603
	世帯数（世帯）	(5,275)	4,464	1,842	(8,848)	7,691	6,110	9,137
	面積（km²）	－	368.01	242.88	－	808.63	643.54	345.93

※人口及び世帯数は、平成27年国勢調査確定値による。
※面積は、平成27年全国都道府県市区町村別面積（国土地理院）による。
※八束郡東出雲町は平成23年8月1日付けで松江市に編入、簸川郡斐川町は同年10月1日付けで出雲市に編入。

仁多郡（1町）

〈郡名の由来〉

　古くは出雲国の郡名。郡名の由来は「風土記」によると大穴持命が「是は爾多志根小国なり」といったことによると記されているが、「にたし」とは豊潤という意味である。北は大原郡、能義郡、西は飯石郡、南は備後国、東は伯耆国に接していた。古代の郡域は、現在の仁多郡に雲南市木次町温泉地区と安来市広瀬町比田地区を加えた地域にあたる。「和名抄」によると、「爾以多」とも書かれている。この当時の郡域の郷としては、「風土記」によると、三処、布勢、三沢、横田の4郷があったが、「和名抄」では、漆仁、阿位の2郷が加わり6郷となっている。

飯石郡（1町）

〈郡名の由来〉

　古くは出雲国の郡名。郡名の由来は「風土記」によると、「飯石郡の中に伊毘志都幣命坐せり。故飯石と云う」ことによるとされている。この神は飯主の女神であるといわれているが、もとは「伊鼻志」と書き、神亀3年（726年）飯石に改められている。東は大原郡と仁多郡、南は備後国、西は石見国、北は神門郡と出雲に接していた。古代の郡域は、現在の雲南市の三刀屋町・吉田町・掛合町、飯石郡飯南町（谷地区を除く。）、出雲市佐田町須佐地区にあたる。この当時の郡内の郷としては、「風土記」によると熊谷、三屋、飯石、多禰、須佐、波多、来島の7郷があったが、「和名抄」では、田井、草原の2郷が加わり、9郷となっている。

邑智郡（3町）

〈郡名の由来〉

　古くは石見国の郡名。郡名の由来は定かではない。東は備後国双三郡と出雲国飯石郡、北は石見国安濃郡と邇摩郡、西は同那賀郡、南は安芸国山県郡に接していた。古代の郡域は、現在の川本町、美郷町、邑南町、江津市桜江町の地域にあたる。この当時の郡内の郷としては、「和名抄」によると神稲・邑美・桜井・都賀・佐波の5郷があった。

鹿足郡（2町）

〈郡名の由来〉

　古くは石見国の郡名。承和10年（843年）美濃郡より別れて独立の郡となった（続日本後紀）。郡名の由来は「吉賀記」によると、かつて八岐大蛇の化身である八足八畔の凶暴な大鹿がいたことによるという八鹿伝説によるとされている。東と北は美濃郡、西は長門国と周防国、南は安芸国に接していた。古代の郡域は、現在の津和野町、吉賀町の地域にあたる。此の当時の郡内の郷としては、「和名抄」によると、鹿足郷、能濃郷があった。

隠岐郡（3町1村）

〈郡名の由来〉

　郡名の由来は、昭和44年に、島後の周吉郡・穏地郡、島前の海士郡・知夫郡の4郡が合同した際、当地域が古来より隠岐国と称されていたことにより名付けられたもので、国名の由来は沖の島から転じたものといわれている。知夫里島・西ノ島・中ノ島・島後の4島のほか、約180の島嶼から成る。意伎、隠伎とも書く。

　古代の郡は、智夫・海部・周吉・役道の4郡であったが、「和名抄」によると知夫・海部・周吉・穏地の4郡と郡名が変わっている。この当時の郡内の郷としては、「和名抄」によると知夫郡には宇良・由良・三田、海部郡には布施・海部・佐作、周吉郡には賀茂・奄可・新野、穏地郡には都麻・河内・武良の12郷があった。

 # 奥出雲町

町 章
4つの輪は、「人・自然・伝統・未来」の融合をイメージし、町民が和になって協力し、自然とともに、歴史ある奥出雲町が伸びゆく町であるようにとの願いがこめられている。

町の花 しゃくなげ

町の木 もみじ

人口等の状況	年月日	平成17.10.1	平成22.10.1	平成27.10.1
	人口（人）	15,812	14,456	13,063
	世帯数（世帯）	4,874	4,713	4,464
	面積（km²）	368.06	368.06	368.01

〈町名の由来〉

奥出雲町の"奥"には、奥まったイメージがあるものの、緑豊かな自然あふれる癒しのイメージがあり、基幹産業である農林業の産品にもふさわしい安心・安全な響きがある。

〈沿 革〉

当町域は、古くは出雲国風土記にまで遡ることができ、我が国の神話（スサノヲ、ヤマタノオロチ等）の世界に登場するなど長い歴史を持っており、三処郷、布勢郷、三沢郷、横田郷に属していました。

また出雲国風土記には、鉄の産出も記されるなど明治初期まで日本有数の「たたら製鉄」の産地として栄え、出雲地域における一大文化圏を構築してきました。

本地域は山陰と山陽を結ぶルート上に位置していることから、中世・戦国期には尼子氏、毛利氏の戦いの狭間に置かれ、幾多の攻防の舞台となり、尼子氏滅亡後は毛利氏の支配下に置かれました。

江戸期には松江藩に属し、宝暦年間（1751～1764年）の「雲陽大数録」によると当町域には57か村があり、三成には仁多郡家が置かれていました。

江戸期以降から存在した数多くの集落は、明治22年（1889年）4月の市制・町村制の施行により、9つの村に再編され、その後、昭和28年の町村合併促進法の施行によって市町村合併が全国的に進み、昭和30年に仁多町が、昭和32年に斐上町同33年町名変更により横田町が誕生しました。

わが国の経済、産業構造が大きく変革を遂げる中、それまで盛んであった「たたら製鉄」は明治以降、洋鉄に押され衰退しましたが、一方では「仁多牛」に代表される畜産や「仁多米」をはじめとする農林業が盛んになり、また木炭・木材等の資源開発も進み、幕末頃から独特の製作技術と加工技術により地場産業として発展してきた「雲州そろばん」が定着しました。

そして現在当町では、全国ブランドとなった「仁多米」を中心とした産業振興、県下有数の観光資源を利活用しての地域振興、また新町の一体感を醸成するため光ファイバーを各家庭まで引き込み、地上デジタル放送にも対応したケーブルテレビ、有線電話、テレビ・電話を利用した高齢者の見守り等に活用するための高速インターネット網の全町的な整備、住民要望の多い道路、上下水道、コミュニティー施設等の生活基盤整備を積極的に行い、官民一体となって「心豊かで潤いと活力のあるまち」を目指しています。

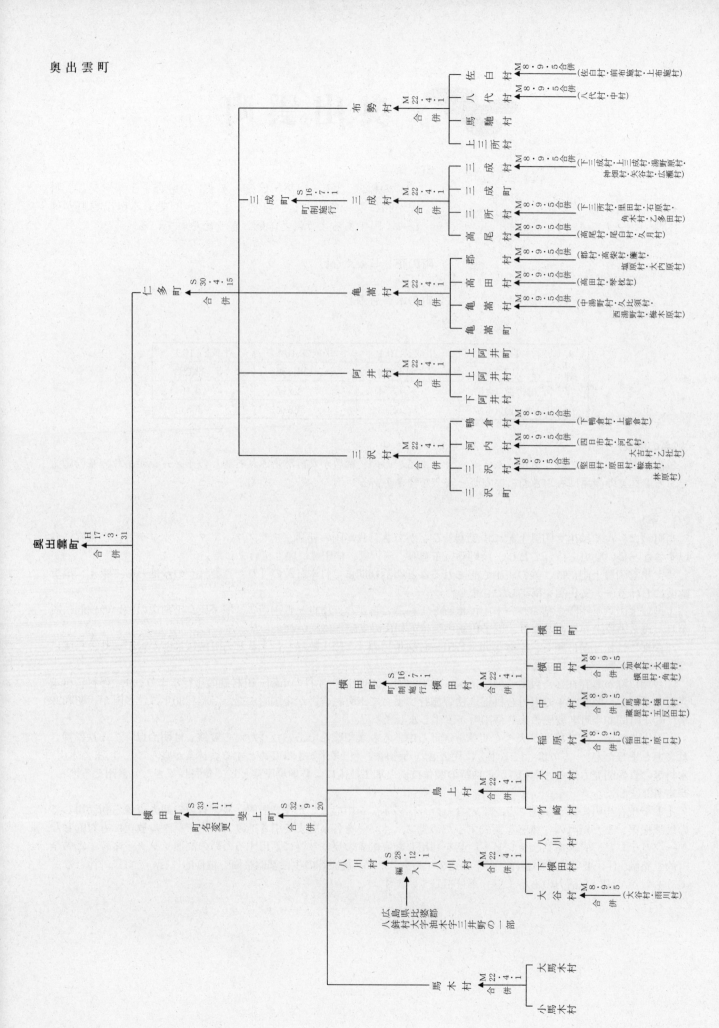

奥出雲町

市町村名	奥出雲町(おくいずもちょう)			
役場の位置	〒699-1592　奥出雲町三成358番地1		電話番号	0854－54－1221

合併等の状況	年月日	合体編入等の別	関係市町村名
	昭28.12.1	境界変更	広島県比婆郡八鉾村の一部（大字油木字三井野の一部）を八川村に
	30. 4.15	合　体	布勢村・三成町・亀嵩村・阿井村・三沢村（仁多町設置）
	32. 9.20	〃	横田町・鳥上村・八川村・馬木村（斐上町設置）
	33.11. 1	(町名変更)	斐上町（横田町）
	平17. 3.31	合　体	仁多町・横田町

字　名	旧市町村及び大字名	通　称	小字の区域 全域	一部	廃止済
佐　白(さじろ)	布勢村(仁多町)	佐白　佐白町　佐白　上布施			○
八　代(やしろ)	(〃)	八代　八代西部　八代町　八代本町　八代東部　中村			○
馬　馳(まばせ)	(〃)	馬馳　馬馳上　馬馳下			○
上三所(かみみところ)	(〃)	上三所　上三所西部　上三所中央　上三所東部　土屋			○
三　成(みなり)	三成町(〃)	三成　美女原　上三成上　上三成中　上三成下　上本町　三成本町　湯の原　宮の町　朝日町　矢谷　滝の上　前布施　雇用促進住宅			○
高　尾(たかお)	(〃)	高尾　上高尾　尾白　下高尾			○
三　所(みところ)	(〃)	三所　下三所　石原・里田　角木・乙多田			○
亀　嵩(かめだけ)	亀嵩村(〃)	亀嵩　上分　西湯野　中湯野　久比須　谷奥　亀嵩町　梅木原			○
郡(こおり)	(〃)	郡村　大内原　簾　郡			○
高　田(たかた)	(〃)	高田　琴枕　高田			○
上阿井(かみあい)	阿井村(〃)	上阿井　真地　米原　上町　上阿井町　福原　平　大上　下口　川東　雲崎			○
下阿井(しもあい)	(〃)	下阿井　堀山根　鋳物屋　川子原　八幡　奥湯谷上　奥湯谷下　小寄			○
三　沢(みざわ)	三沢村(〃)	三沢　堅田　上鞍掛　下鞍掛　三沢町　原田			○
鴨　倉(かもくら)	(〃)	鴨倉　上鴨倉　下鴨倉			○
河　内(かわち)	(〃)	河内　四日市　河内　大吉			○

奥出雲町

字　名	旧市町村及び大字名		通　称	小字の区域		廃止済
				全域	一部	
横（よこ）田（た）	横田町（横田町）	横田町横田村	加食（かじき）　大曲（おおまがり）　六日市（むいかいち）　大市（おおいち）　新町（しんまち）　角（すみ）			○
中（なか）村（むら）	〃（〃）	中村	馬場（ばば）　鎚免（やりめ）　五反田（ごたんだ）　樋口（ひぐち）　蔵屋（くらや）			○
稲（いな）原（はら）	〃（〃）	稲原	稲田（いなた）　原口（はらぐち）			○
大（お）呂（ろ）	鳥上村（〃）	大呂	代山（だいやま）　山県（やまがた）　中丁（なかちょう）　福頼（ふくより）			○
竹（たけ）﨑（ざき）	〃（〃）	竹﨑	山郡（やまごおり）　中籾（なかもみ）　日向側（ひながわ）　山根側（やまねがわ）　追谷（おいだに）			○
下（しも）横（よこ）田（た）	八川村（〃）	下横田	土橋（つちばし）　古市（ふるいち）　川西（かわにし）			○
八（や）川（かわ）	〃（〃）	八川	三井野（みいの）　坂根（さかね）　奥八川（おくやかわ）　小八川（こやかわ）　中八川（なかやかわ）　八川本郷（やかわほんごう）			○
大（おお）谷（たに）	〃（〃）	大谷	大谷本郷（おおたにほんごう）　雨川（あめがわ）			○
大（おお）馬（ま）木（き）	馬木村（〃）	大馬木	旭（あさひ）　女良木（めらぎ）　大馬木第1本郷（おおまきだいいちほんごう）　大馬木第2本郷（おおまきだいにほんごう）　堅田・野伏（かただ・のぶし）　反保（たんぼ）			○
小（こ）馬（ま）木（き）	〃（〃）	小馬木	本谷（ほんだに）　矢入・中原（やにゅう・なかばら）　小森（こもり）　小馬木本郷（こまきほんごう）			○

飯南町

町章
飯南町の頭文字である「i」(人間)をモチーフに、赤来と頓原のふたつのまちがしっかりと腕を組み、和と団結を図ると共に、自然と人間味の溢れるみずみずしい「いのち彩る里」を作っていこうとする姿勢を表している。

町の花 牡丹(ぼたん)

町の木 ブナ

人口等の状況	年月日	平成17.10.1	平成22.10.1	平成27.10.1
	人口(人)	5,979	5,534	5,031
	世帯数(世帯)	2,066	1,944	1,842
	面積(km²)	242.84	242.84	242.88

〈町名の由来〉

「飯南」は町民が聞き慣れ、親しみの感じられる地名として、町民誰しもの思いが込められた名称である。本町は飯石郡の南に位置し、標高400m〜500mの高原の町で県の南の玄関である。飯南の「飯」は「米」を、「南」は「明るさ」や「力強さ」をイメージすることができ、農業に通じ、里山の文化と自然の恩恵を受け、明るく力強く発展していく町の願いが込められている。

〈沿革〉

本町域は、「出雲国風土記」によると、飯石郡には「あわせて郷七」とあり、本町の区域は来島郷、波多郷の二郷に属していたと思われ、天文年間から永禄年間にかけては、出雲の守護職尼子氏と隣国毛利氏との戦いの激戦地となった。江戸時代には広瀬藩陣屋が設置され、奥飯石21か村の政治・経済・文化の中心地として、また陰陽の宿場町として栄えた。産業面では、たたら製鉄や良質米の産地として知られている。

また、出雲、石見、備後の三国にまたがる陰陽交通の関門として、中国山地の要衝として古くから開発され、大森銀山からの幕府の銀銅の輸送や石州の海辺から備後へ魚類等の輸送が盛んに行われた。

本町の農業は、県下一の「良質米」の産地としての水稲と全国に名が知れた「島根和牛の本場」に代表される和牛生産により現在の農業が築かれてきた。近年ではメロン・ほうれん草・やまといもなどの特産園芸作物も栽培を行っている。

昔からの国道沿いに形成されてきた商業地は、営業している商店が少なくなり、商店街としての形態維持が困難となっている。また、工業については、これまでにいくつかの誘致企業があったが、昨今の日本経済の構造不況のなかにあって、事業所数や従業員数も減少傾向にあり、取り巻く環境は厳しい状況下にある。

大万木山、琴引山、三瓶山など山々の豊かな自然や琴引フォレストパーク、東三瓶フラワーバレー、赤名観光ぼたん園、飯南町ふるさとの森などの交流施設など多くの観光資源がある。

このような中、"小さな田舎からの「生命地域」宣言"を基本理念に、「人・産業・地域」の自立を目指し、里山の地域資源を活かしながら、安心して暮らせるまちづくりの実現に向けて、実行のある町づくりに努めている。

飯南町

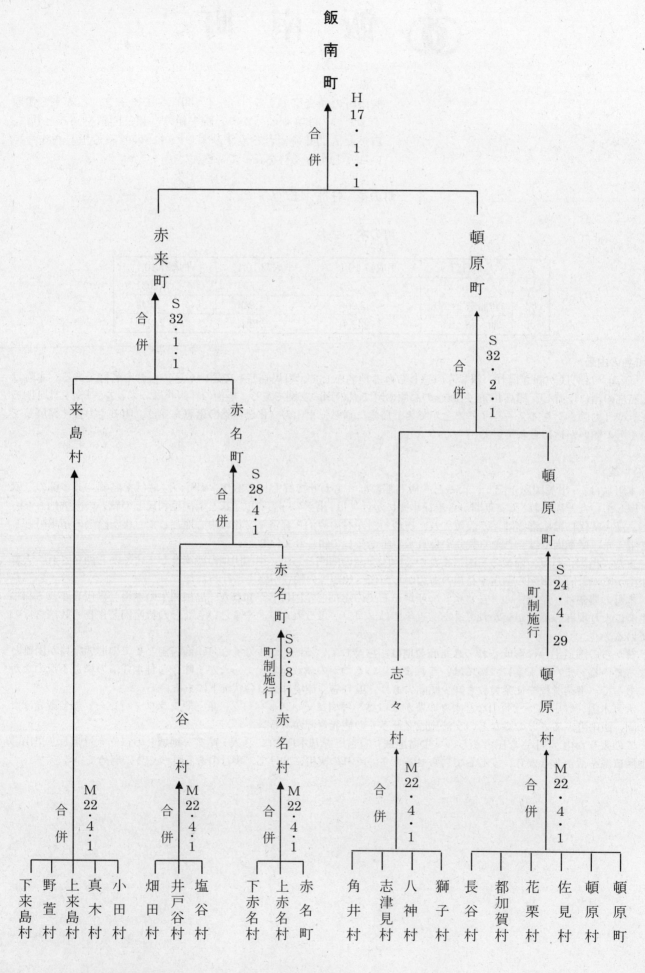

飯南町

市町村名	飯南町（いいなんちょう）			
役場の位置	〒690-3513　飯南町下赤名880番地		電話番号	0854-76-2211

合併等の状況	年月日	合体編入等の別	関係市町村名
	昭24.4.29	（町制）	頓原村（頓原町）
	28.4.1	合体	赤名町・谷村（赤名町設置）
	32.1.1	〃	赤名町・来島村（赤来町設置）
	32.2.1	〃	頓原町・志々村（頓原町設置）
	平17.1.1	〃	頓原町・赤来町

字名	旧市町村及び大字名	通称	小字の区域 有 全域	小字の区域 有 一部	廃止済
頓原（とんばら）	頓原村（頓原町）	頓原町	一番町　社日町　大仙町　上町　中町 本町　横町　新道町　万対町　恵比須町 寺町		○
	〃（〃）	頓原村	宇山　小和田　迫　小才田　泉川 古城団地　武智　奥畑　張戸　古城 稲荷　田鍬　琴引		○
都加賀（つかが）	〃（〃）	都加賀	隠岐原　殿居　国倉		○
花栗（はなぐり）	〃（〃）	花栗	門瀬戸　協和		○
長谷（ながたに）	〃（〃）	長谷	城東　城南　城山		○
寺沢（てらさわ）	〃（〃）	〃	寺垣内　沢屋		○
佐見（さみ）	〃（〃）	佐見	程原　上組　大年　伸和		○
八神（はかみ）	志々村（〃）	八神	中村　才谷　東　西　南　北　谷川		○
獅子（しし）	〃（〃）	獅子			○
志津見（しつみ）	〃（〃）	志津見			○
角井（つのい）	〃（〃）	角井	秩木　中廻　万場　伊比		○
上赤名（かみあかな）	赤名町（赤来町）	上赤名	北野上　北野下　中区上　中区下　瀬戸 向谷		○
赤名（あかな）	〃（〃）	赤名	上市上　上市下　中市上　中市下　下市上 下市下　衣掛団地		○
下赤名（しもあかな）	〃（〃）	下赤名	東上　張戸　東下　千束　中通 石次　福田		○

— 167 —

飯南町

字　名	旧市町村及び大字名		通　称	小字の区域		
				有		廃止済
				全域	一部	
塩谷(しおだに)	谷村(赤来町)	塩谷	塩谷上(しおだにかみ)　塩谷下(しおだにしも)			○
井戸谷(いどだに)	〃(〃)	井戸谷	井戸谷上(いどだにかみ)　井戸谷下(いどだにしも)　程原(ほどはら)			○
畑田(はただ)	〃(〃)	畑田				○
上来島(かみきじま)	来島村(〃)	上来島	上来島(かみきじま)　安江(やすえ)　杉戸(すぎど)　横路(よころ)			○
真木(まき)	〃(〃)	真木	奥真木(おくまき)　口真木(くちまき)			○
小田(おだ)	〃(〃)	小田	奥小田(おくおだ)　中小田(なかおだ)　口小田(くちおだ)			○
野萱(のがや)	〃(〃)	野萱	琴麓(きんろく)　塚原(つかばら)　三日市(みっかいち)　野萱(のがや)　下三日市(しもみっかいち)　野萱団地(のがやだんち)			○
下来島(しもきじま)	〃(〃)	下来島	保賀(ほが)　松本中部(まつもとちゅうぶ)　松本西部(まつもとせいぶ)　川尻(かわしり)			○

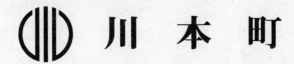
川本町

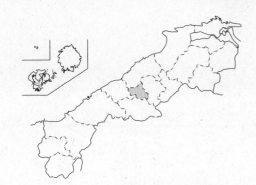

町　章
　川本町は江の川を中心として発展したものであり、この「川」と「水」をかたどって中央におき、周囲は、「円満」「団結」「平和」を意味している。

町の花　さつき

町の木　もみじ

人口等の状況	年月日	平成17.10.1	平成22.10.1	平成27.10.1
	人　口（人）	4,324	3,900	3,442
	世帯数（世帯）	1,769	1,666	1,457
	面　積（k㎡）	106.39	106.39	106.43

〈町名の由来〉
　「川本」という名称の「川」は江の川の「川」であり、「本」は「ほとり」という意味で、江の川のほとりに人々が住みつくようになったため、「川本」という地名が出来たものと思われる。

〈沿　革〉
　本町の近世歴史的背景は、江戸中期から明治にかけて繁栄した「たたら製鉄」の生産地として早くから町が形成されたことによって、石東地方一帯の中心地であった。これは、中国山地の花崗岩に包まれた豊富な磁鉄鉱資源と、燃料としての木炭生産が盛んであったことや、これらの集積に便利な江の川が水運路として利用され、その結果、本町が中継地として発展したものである。また、天領行政の開始とともに、川本が銀山領に編入され、口番が設けられたことを契機に、明治5年には邑智郡役所が置かれ、その後、国・県の地方機関が集積されたことによって、古来より地方の中心地として、邑智郡の行政・経済の中心的な役割を担う町として発展してきた。
　川本町は、昭和30年4月、旧川本町・川下村・三原村・三谷村が合併し、翌昭和31年9月、祖式村の一部を編入した。

川本町

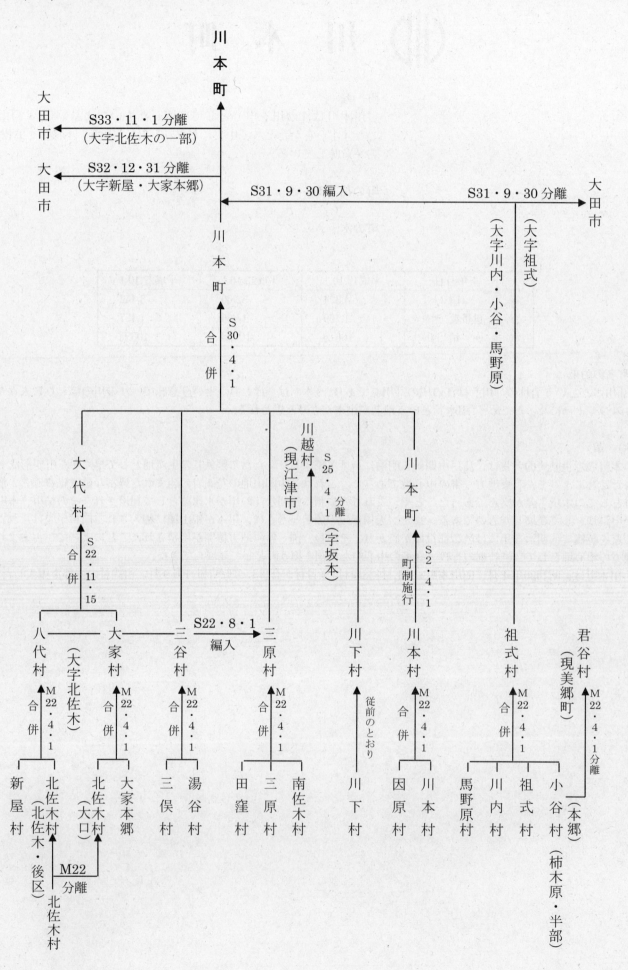

市町村名			川本町（かわもとまち）			
役場の位置		〒696-8501　川本町大字川本271番地3			電話番号	0855－72－0631

合併等の状況	年月日	合体編入等の別	関係市町村名
	昭22. 8. 1	境界変更	八代村の一部（大字北佐木）を三原村に
	22.11.15	合　体	大家村・八代村（大代村設置）
	30. 4. 1	〃	川本町・川下村・三原村・三谷村・大代村（川本町設置）
	31. 9.30	分割編入	祖式村の一部（大字川内・小谷・馬野原）
	32.12.31	境界変更	大字新屋・大家本郷を大田市へ
	33.11. 1	〃	大字北佐木の一部を大田市へ

字　名	旧市町村及び大字名		通　　称					小字の区域		
								有		廃止済
								全域	一部	
川　　本（かわもと）	川本町（川本町）	川　本	上新町 中新町 日の出 元町 本町 下新町 天神町 木路原 畑野 田水 下谷 上谷 中倉 市井原 長原 矢谷 芋畑 日向							○
都賀行（つがゆき）	（〃）	都賀行								○
因　　原（いんばら）	（〃）	因　原	上因原 下因原							○
多　　田（ただ）	川下村（〃）	多　田								○
久座仁（くざに）	（〃）	久座仁								○
谷　　戸（たんど）	（〃）	谷　戸								○
川　　下（かわくだり）	（〃）	川　下	笹畑 上三島 中三島 下三島 木谷 木屋原 田原 絵堂 尾原 築紫原							○
湯　　谷（ゆだに）	三谷村（〃）	湯　谷	上組 本郷 笹畑 宮台 長谷 前条 共栄 大元 昭栄							○
三　　俣（みまた）	（〃）	三　俣	上三俣 奥三俣 下条							○
田　　窪（たくぼ）	三原村（〃）	田　窪	上石 中石 古市							○
南　佐　木（みなみさき）	（〃）	南佐木	白地 正連寺 鉄穴谷 古屋口							○
北　佐　木（きたさき）	八代村（〃）	北佐木	北佐木 後区							○
三　　原（みはら）	三原村（〃）	三　原	南部峠 下佐木 市 荘厳寺							○
川　　内（かわうち）	祖武村（〃）	川　内	空城 猪ノ目 下郷 中郷 上郷							○
小　　谷（こだに）	（〃）	小　谷	柿木原 半部							○

川 本 町

字　名	旧市町村及び大字名		通　称	小字の区域		廃止済
				有		
				全域	一部	
馬(ま)野(の)原(はら)	祖武村(川本町)	馬野原				○

美郷町

町 章
みさとの「み」の文字をモチーフに、いきいき輝く人とまちの姿を、両翼を広げ力強く飛ぶ鳥の姿で表現した。
上方の青と下方の緑で水と緑の「豊かな自然」を、赤い円は夢あふれる「希望」を象徴している。

町の花 シャクナゲ

町の木 梅

人口等の状況	年月日	平成17.10.1	平成22.10.1	平成27.10.1
	人 口（人）	5,911	5,351	4,900
	世帯数（世帯）	2,310	2,157	2,010
	面 積（km²）	282.92	282.92	282.92

〈町名の由来〉

　旧邑智町・旧大和村の2町村を江の川が貫流し、その両岸に中国山地が織りなす四季折々の豊かな自然と美しい街並みが広がる様子は、日本の古き良きふるさとの原風景を思い起こさせる。
　「美郷」には、このような自然豊かな美しい故郷（ふるさと）をいつまでも残しておきたいという住民の願いが込められており、「みさと」という響きが持つ温もりは、人情豊で、住民がいきいきと暮らしているこの地域を非常によく表していることから、町名として名付けたものである。

〈沿 革〉

　平成16年10月1日に、邑智町と大和村の合併により誕生した。
　豊かで美しい自然環境のなかで、多彩な活動・交流、ふれあいや支え合いが広がり、誰もが安心に笑顔で暮らし、一人ひとりが活き活き輝くまちづくり「美しいまち・ひと・くらしがつながる　みんなの美郷」を目指している。
　特に「定住子育てライフ5つ星の町」として、定住・子育て・雇用支援を充実し、また「おおち山くじらの郷」として、イノシシ（獣害）対策から発展させた地域ブランド化・地域づくりに取り組んでいる。
　美郷町の古代の歴史は、大和地域の縄文時代早期の遺物から約8,000年前にさかのぼることができる。また、滝原・乙原・簗瀬地区からは縄文時代後期の遺跡が出土しているほか、都賀行地区をはじめ江の川流域周辺からは、弥生時代後期を中心とした遺構や遺物が多数出土している。
　戦国時代には、江の川沿岸部が陰陽連絡の要衝や出雲国と石見国の接点として重要視され、さらに石見銀山が開発されると、その支配をめぐる戦いの最前線となった。江戸時代には、邑智地域の江の川から北の地域と大和地域の大半が幕府直轄の石見銀山領となり、銀の精錬に必要な炭の供給地として、また銀や物資を運ぶ陸路の宿場町や江の川舟運の中継地として発達した。
　その後、明治24年頃には、竹地区の銅が丸鉱山が最盛期をむかえ、発電所、銀行など経済開発が早くから行われてきた。さらに昭和28年には、中国電力の浜原ダム、明塚発電所が完成し、電力供給が始まった。
　昭和30年代に入ると、燃料革命により主要産業であった木炭産業が打撃を受け、高度経済成長とともに多くの若者が都市部に流出するなど、社会経済情勢が大きく変化した。また、昭和38年には豪雪災害、昭和40年、47年、58年には豪雨災害などの自然災害もあり、人口流出と過疎化が急激に進んだ。
　近年は、社会基盤の整備により、生活環境の充実が図られ、豊かな自然環境や豊富な地域資源を活かした地域間交流、定住環境の充実やまちづくりの取り組みが進みつつある。

美郷町

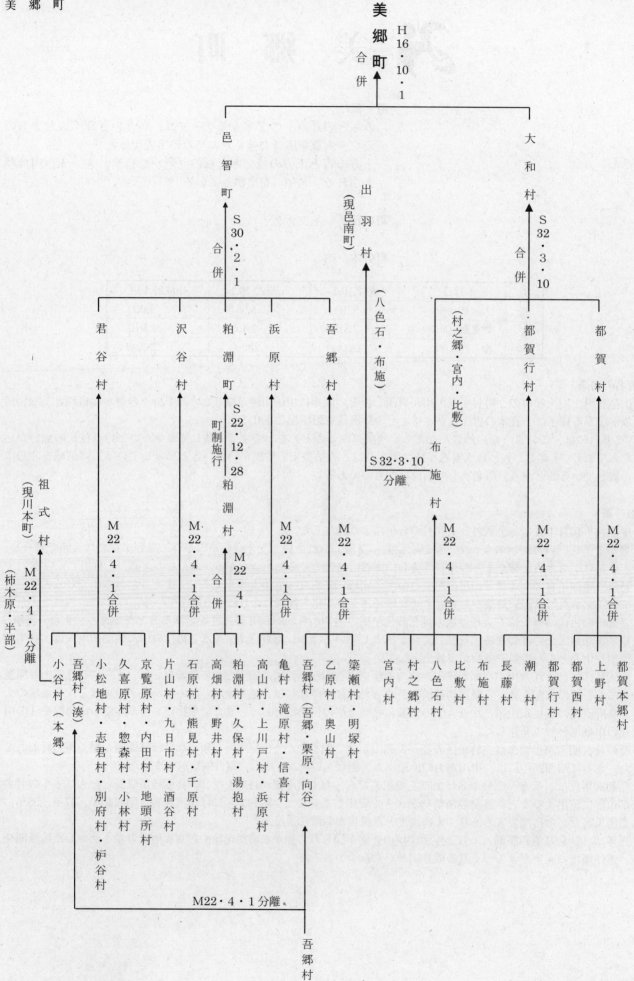

美 郷 町

市町村名		美郷町（みさとちょう）				
役場の位置		〒699-4692　美郷町粕渕168番地			電話番号	0855－75－1211
合併等の状況	年月日	合体編入等の別	関係市町村名			
	昭22.12.28	（町制）	粕淵村（粕淵町）			
	30. 2. 1	合体	吾郷村・粕淵町・浜原村・沢谷村・君谷村（邑智町設置）			
	32. 3.10	〃	都賀行村・都賀村・布施村の一部（大字村之郷・宮内・比敷）（大和村設置）			
	平16.10. 1	〃	邑智町・大和村			

字　名	旧市町村及び大字名	通　称	小字の区域		廃止済
			有		
			全域	一部	
乙原（おんばら）	吾郷村（邑智町）	乙原　竹田水（たけでんずい）			○
簗瀬（やなぜ）	〃（〃）	簗瀬			○
吾郷（あごう）	〃（〃）	吾郷　栗原（くりはら）　向谷（むかたに）			○
明塚（あかつか）	〃（〃）	明塚			○
奥山（おくやま）	〃（〃）	奥山			○
粕淵（かすぶち）	粕淵町（〃）	上粕淵（かみかすぶち）　野間（のま）　旭町（あさひまち）　栄町（さかえまち）　新町（しんまち）　稲荷町（いなりまち）　相生町（あいおいちょう）　共栄（ともえ）　寿町（ことぶきちょう）　末広町（すえひろちょう）　元町（もとまち）　本町（ほんまち）			○
久保（くぼ）	〃（〃）	久保　法田（ほうでん）　縺郷口（もつれごうぐち）			○
湯抱（ゆがかい）	〃（〃）	湯抱　共栄（ともえ）			○
高畑（たかはた）	〃（〃）	高畑　才ヶ原（さいがはら）			○
野井（のい）	〃（〃）	野井			○
浜原（はまはら）	浜原村（〃）	浜原　小門原（こかどばら）　新町（しんまち）　上市（かみいち）　中町（なかまち）　下市（しもいち）			○
上川戸（かみかわど）	〃（〃）	上川戸上（かみかわどかみ）　上川戸中（かみかわどなか）　上川戸下（かみかわどしも）			○
信喜（しき）	海原村（〃）	信喜　石見（いじみ）			○
高山（たかやま）	〃（〃）	高山			○
滝原（たきばら）	〃（〃）	滝原			○
亀村（かめむら）	〃（〃）	亀村			○
酒谷（さけだに）	沢谷村（〃）	酒谷　市（いち）　光峠（ひかだお）　光日南（ひかりひな）　連水（つれみず）			○
九日市（このかいち）	〃（〃）	九日市　湧利原（わくりばら）　猪子田（いのこだ）　花の谷（はなのだに）　町井元（まちいもと）　三反谷（みたんだに）　西の原（にしのはら）　鈩谷（たたらだに）			○
片山（かたやま）	〃（〃）	片山			○

美郷町

字　名	旧市町村及び大字名	通　称	小字の区域 全域	一部	廃止済
千原（ちはら）	沢谷村（邑智町）	千原　原　坂根（さかね）　湯谷（ゆんだに）　大野（おおの）　猿丸（さるまる）			○
石原（いしはら）	（〃）	石原			○
熊見（くまみ）	（〃）	熊見			○
港（みなと）	君谷村（〃）	吾郷			○
小谷（こたに）	（〃）	小谷			○
地頭所（じとうしょ）	（〃）	地頭所			○
久喜原（くきばら）	（〃）	久喜原			○
京覧原（きょうらんばら）	（〃）	京覧原			○
小林（こばやし）	（〃）	小林			○
内田（うちだ）	（〃）	内田			○
枦谷（かたらがい）	（〃）	枦谷			○
小松地（こまつじ）	（〃）	小松地　小松地東（こまつじひがし）　小松地西（こまつじにし）　寺谷（てらだに）			○
別府（べっぷ）	（〃）	別府　上城（かみじょう）　中城（なかじょう）　下城（しもじょう）			○
惣森（そうもり）	（〃）	惣森　惣森（そうもり）　寺谷（てらだに）			○
志君（しぎみ）	（〃）	志君　志君（しぎみ）　寺谷（てらだに）			○
都賀本郷（つがほんごう）	都賀村（大和村）	都賀本郷　大原迫（おおばらざこ）　桐場組（きりばぐみ）　上組（うえぐみ）　町組（まちぐみ）　中組（なかぐみ）　下組（しもぐみ）　御領団地（ごりょうだんち）			○
都賀西（つがにし）	（〃）	都賀西　神組（かみぐみ）　和手組（わてぐみ）　中組（なかぐみ）　長屋組（ながやぐみ）　寺組（てらぐみ）　下組（しもぐみ）　光宅寺組（こうたくじぐみ）			○
上野（かみの）	（〃）	上野　田の原（たのはら）　飯谷（はんだに）　上組（かみぐみ）　中組（なかぐみ）　下組（しもぐみ）　大下組（おおしもぐみ）			○
都賀行（つがゆき）	都賀行村（〃）	都賀行　郷上（ごうかみ）　郷下（ごうしも）　日平（ひびら）　猪の谷（いのだに）　山根（やまね）　天神（てんじん）　笹目（ささめ）　大浦（おおうら）　神田（じんでん）			○
長藤（ながとう）	（〃）	長藤　魚切谷（うおきりだに）　原（はら）　響谷（ひびきだに）　源田山（げんだやま）　曲利（まがり）			○
潮村（うしおむら）	（〃）	潮村　潮上（うしおかみ）　潮下（うしおしも）			○
村之郷（むらのごう）	布施村（〃）	村之郷　村之郷上（むらのごうかみ）　村之郷下（むらのごうしも）			○
宮内（みやうち）	（〃）	宮内　宮内上（みやうちかみ）　宮内下（みやうちしも）			○
比敷（ひじき）	（〃）	比敷			○

邑南町

町 章
邑南町の漢字の『邑』をモチーフに、町づくりのテーマ「和」から輪がふれあい、大きな輪を創っていくことをイメージしたデザインである。

町の花 桜 （H19.11.22 制定）

町の木 赤松 （H19.11.22 制定）

人口等の状況	年月日	平成17.10.1	平成22.10.1	平成27.10.1
	人口（人）	12,944	11,959	11,101
	世帯数（世帯）	4,636	4,510	4,224
	面積（km²）	419.22	419.22	419.29

〈町名の由来〉

　邑南町は平成16年10月1日に羽須美村（旧）、瑞穂町（旧）、石見町（旧）の三町村合併により新しく誕生、「夢響きあう元気の郷づくり」をテーマに新しい町づくりがスタートした。町名の「邑南」は古くから三町村の地域全体を表す名称として親しまれているとともに、「邑」には、小さな都、人の多く集まるところの意味があり、「南」には人情温かく産物が豊かに実り、和やかで将来に夢と希望を与える明るいイメージがあることから決定した。

〈沿　革〉

　邑南町の歴史は、旧石器時代と縄文時代の境目、約1万年以上前まで遡ることができる。それは、旧石器時代の石器を作る際にできる石片や、縄文時代の土器が出土していることから推測され、かなり古い時代から人々が生活していたと思われる。その後、弥生時代に入ると狩猟生活から定住生活へと緩やかに移行するとともに、水田耕作を生業とする小規模な集落が集積されるようになり、次第により規模の大きい集落を形成するようになった。また、弥生時代後期からは墳墓が造られ、瑞穂地域では順庵原墳丘墓が発見されている。古墳時代になると、中国山地一帯で内部に石室を持つ大規模な古墳が多く構築された。その中には羽須美地域の野伏原古墳や石見地域の割田古墳等があり、装飾大刀、鉄製副葬品、銅鐸などが出土していることから、高度な文化を持つ集団が存在したことが伺える。

　中世には、豊富な食料資源や砂鉄、木材等の産業資源に恵まれると共に、江の川などを陰陽攻防の要衝の地として、幾多の激しい争奪と支配の歴史を繰り返した。そして、戦国時代の尼子・毛利氏の争いの決着により毛利氏の支配するところとなった。

　江戸時代には、津和野藩や浜田藩、一部は天領の所属となり、たたら製鉄が最大の産業として地域の生活基盤を支えた。また、江の川流域の船運を始め、陰陽交通の要衝としてにぎわった。今でも地域には、鉄穴流し等でつくられた棚田やたたら製鉄の遺構、農具等の民俗資料、神楽を始めとする伝統芸能等、有形・無形文化財が数多く残されている。

　明治4年の島根県設置時、邑智郡内の37の地区に分かれていたが、明治22年（1889年）、島根県内の市制・町村制の施行（明治の大合併）と、昭和28年から昭和36年にかけての昭和の大合併により、3つの行政区域が成立した。それが羽須美村、瑞穂町、石見町である。その後、3町村はそれぞれの特色あるまちづくりを進めてきたが、平成16年10月1日に町村合併し邑南町が誕生した。

邑南町

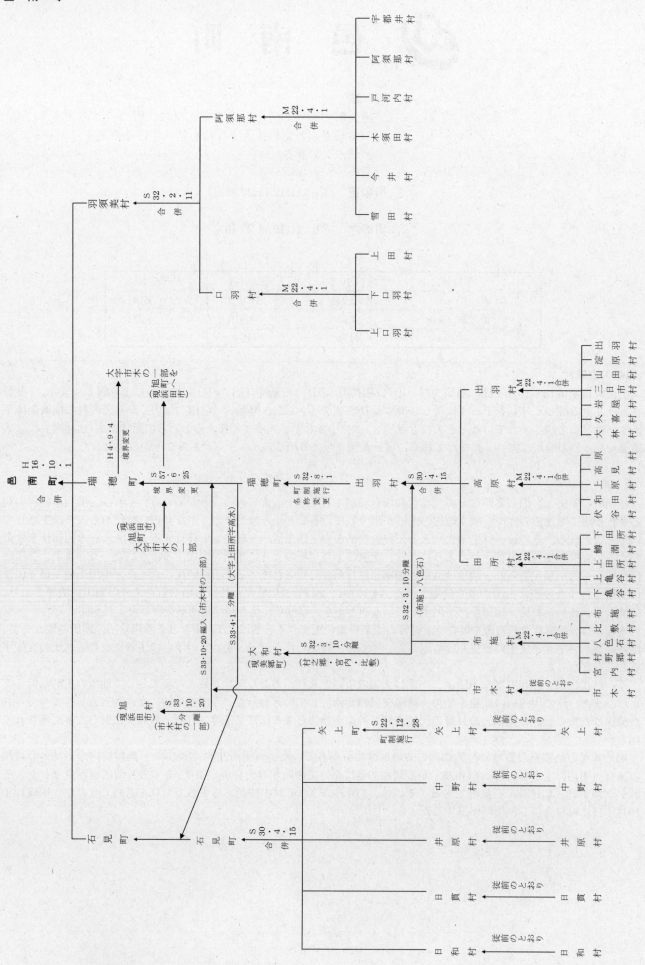

邑南町

市町村名	邑南町（おおなんちょう）		
役場の位置	〒696-0192　邑南町矢上6000番地	電話番号	0855－95－1111

<table>
<tr><th rowspan="2">合併等の状況</th><th>年月日</th><th>合体編入等の別</th><th colspan="2">関係市町村名</th></tr>
<tr><td>昭22.12.28</td><td>（町制）</td><td colspan="2">矢上村（矢上町）</td></tr>
<tr><td></td><td>30. 4.15</td><td>合　体</td><td colspan="2">田所村・出羽村・高原村（出羽村設置）</td></tr>
<tr><td></td><td>〃</td><td>〃</td><td colspan="2">矢上町・中野村・井原村・日貫村・日和村（石見町設置）</td></tr>
<tr><td></td><td>32. 2.11</td><td>〃</td><td colspan="2">口羽村・阿須那村（羽須美村設置）</td></tr>
<tr><td></td><td>32. 3.10</td><td>分割編入</td><td colspan="2">布施村の一部（大字布施・八色石）を出羽村に</td></tr>
<tr><td></td><td>32. 8. 1</td><td>（町制）（名称変更）</td><td colspan="2">出羽村（瑞穂町）</td></tr>
<tr><td></td><td>33. 4. 1</td><td>境界変更</td><td colspan="2">瑞穂町大字上田所の一部（字高水）を石見町へ</td></tr>
<tr><td></td><td>33.10.20</td><td>分割編入</td><td colspan="2">市木村の一部（1～964,1226～2270,4486～4521,4523～6241の90,6241の93～6735,8079）を瑞穂町に</td></tr>
<tr><td></td><td>57. 6.25</td><td>境界変更</td><td colspan="2">旭町の一部（大字市木の一部）を瑞穂町へ、瑞穂町大字市木の一部を旭町へ</td></tr>
<tr><td></td><td>平 4. 9. 4</td><td>〃</td><td colspan="2">瑞穂町の一部（大字市木の一部）を旭町へ</td></tr>
<tr><td></td><td>16.10. 1</td><td>合　体</td><td colspan="2">羽須美村・瑞穂町・石見町</td></tr>
</table>

字　名	旧市町村及び大字名	通　称	小字の区域 有 全域	一部	廃止済
戸河内（とごうち）	阿須那村（羽須美村）	戸河内　上戸河内（かみとごうち）　柚ノ木（ゆのき）　大所（おおどころ）　峡迫（がいざこ）　判場（はんば）　下戸河内（しもとごうち）　細谷（ほそたに）			○
阿須那（あすな）	（〃）	阿須那　大庭（おおにわ）　旅迫（たびざこ）　町（まち）　細貝（ほそがい）　後山（うしろやま）　今西（いまにし）　田本（たもと）　門前（もんぜん）			○
木須田（きずた）	（〃）	木須田			○
宇都井（うずい）	（〃）	宇都井　上郷（かみごう）　小林（こばやし）　中郷（なかごう）　下郷（しもごう）　後谷（うしろだに）　金井谷（かないだに）　神原（じんばら）			○
今井（いまい）	（〃）	今井			○
雪田（ゆきた）	（〃）	雪田　川淵（かわぶち）　両半（りょうはん）　中雪田（なかゆきた）　竹（たけ）　上雪田（かみゆきた）　本田（ほんだ）			○
上口羽（かみくちば）	口羽村（〃）	上口羽　川角（かいずみ）　神谷（かんだに）　原田（はらだ）			○
下口羽（しもくちば）	（〃）	下口羽　細里（ほそり）　土居（どい）　根布（ねぷ）　菖蒲（あやめ）　坪木（つぼき）　釜谷（かまだに）　町（まち）　西之原（にしのはら）　坂谷（さかだに）　青石（あおいし）　引城（ひきしろ）			○

邑南町

字　名	旧市町村及び大字名		通　称	小字の区域		
				有		廃止済
				全域	一部	
上田（うえだ）	口羽村（羽須美村）	上田	江平（ごうびら）　上田（うえだ）　平佐（ひらさ）　日南川（ひながわ）　松木（まつぎ） 上ヶ畑（うえがはた）　長田市（ながたいち）　長田向（ながたむこう）　谷河内（たにごうち）　大草（おおぐさ） 山根（やまね）			○
鱒渕（ますぶち）	田所村（瑞穂町）	鱒渕	鱒渕（ますぶち）　下対（しもつい）　新山（しやま）　馬野原（まのはら）　臼谷（うすだに）			○
下田所（しもたどころ）	〃（〃）	下田所	田所（たどころ）　中組（なかぐみ）　小河内（おごうち）　瑞芽（みずめ）			○
上田所（かみたどころ）	〃（〃）	上田所	大原（おおばら）　中野原（なかのはら）　三坂（みさか）　小林（こばやし）　道明（どうみょう）			○
上亀谷（かみかめだに）	〃（〃）	上亀谷	大草（おおくさ）　朝原（あさはら）　奥亀谷（おくかめだに）			○
下亀谷（しもかめだに）	〃（〃）	下亀谷				○
三日市（みっかいち）	出羽村（〃）	三日市				○
出羽（いずわ）	〃（〃）	出羽	八日市（ようかいち）　三本松（さんぼんまつ）			○
山田（やまだ）	〃（〃）	山田				○
淀原（よどはら）	〃（〃）	淀原				○
岩屋（いわや）	〃（〃）	岩屋	岩屋（いわや）　後谷（うしろだに）			○
久喜（くき）	〃（〃）	久喜	百石（ひゃくこく）　後木屋（ごきや）			○
大林（おおばやし）	〃（〃）	大林				○
上原（かみはら）	高原村（〃）	上原	宇山（うやま）			○
原村（はらむら）	〃（〃）	原村	矢広原（やひろばら）　川淵原（こうぶちはら）　原（はら）　出店口（でみせぐち）　上側（うえがわ）			○
和田（わだ）	〃（〃）	和田	上和田（かみわだ）　谷川（たにがわ）　流田（ながれだ）　下和田（しもわだ）　吉時（よしとき）			○
高見（たかみ）	〃（〃）	高見	安田（やすだ）　馬場（ばば）　町（まち）　段の原（だんのはら）　入野（いりの） 円の板（えんのいた）　桑の木（くわのき）　荻原（おぎはら）			○
伏谷（ふしたに）	〃（〃）	伏谷	下伏谷（しもふしたに）　上伏谷（かみふしたに）　田の原（たのはら）　金淵（かなぶち）　折渡（おりわたり） 小屋（こや）			○
布施（ふせ）	布施村（〃）	布施	奥谷（おくだに）　畑（はた）			○
八色石（やいろいし）	〃（〃）	八色石	上市（かみいち）　恵梨（えなし）			○
市木（いちぎ）	市木村（〃）	市木	生家（おぶか）　小武家城（こぶけじょう）　大町原（おおまちばら）　観音寺原（かんのんじばら）　猪子山（いのこやま） 市木町（いちぎまち）　大野（おおの）　麦尾（むぎお）　宮中（みやなか）			○
矢上（やかみ）	矢上村（石見町）		町西（まちにし）　町東（まちひがし）　大坪原（おおつぼばら）　郡山（こおりやま）　後原（うしろばら） 柚の木谷（ゆのきだに）　日南原（ひなわら）　上日南原（かみひなわら）　須摩谷（すまだに）　新町（しんまち） 森脇谷（もりわきだに）　荻原（おぎわら）　小掛谷（こかけだに）　鹿子原（かねこばら）　七日市（なのかいち） 上京（かみきょう）　下京（しもきょう）　力沢谷（りきさわだに）　上大畑谷（かみおおはただに）　下大畑谷（しもおおはただに）			○

邑南町

字　名	旧市町村及び大字名		通　称	小字の区域		廃止済
				有		
				全域	一部	
中野 (なかの)	中野村 (石見町)		小原迫(おばらざこ)　河原城(かわらじょう)　幸米(こうごめ)　青葉(あおば)　上茅場(かみかやば) 下茅場(しもかやば)　善教寺原(ぜんきょうじばら)　山根原(やまねばら)　横引(よこひき)　森実(もりざね) 上別所(そらべっしょ)　中別所(なかべっしょ)　町(まち)　段原(だんばら)　仮屋(かりや) 横見(よこみ)　八幡(はちまん)			○
井原 (いばら)	井原村 (〃)		日向西(ひゅうがにし)　日向東(ひゅうがひがし)　仏一原(ほとけいちばら)　天蔵寺原(てんぞうじばら)　沢久谷(さわひさだに) 野原谷(のんばらだに)　皆井田(みないだ)　断魚(だんぎょ)　獺越(おそごえ)　普明寺(ふみょうじ) 樋口谷(ひぐちだに)　片田東(かたひがし)　片田西(かたにし)　上町(うえまち)　下町(したまち) 谷(たに)　宮ノ原(みやのはら)　西ノ原(にしのはら)			○
日貫 (ひぬい)	日貫村 (〃)		有安(ありやす)　中山(なかやま)　田代(たしろ)　浜井場(はまいば)　花ノ木(はなのき) 福原(ふくはら)　青笹(あおざさ)　吉原(よしはら)　簾(すだれ)　鉄穴ヶ原(かんながはら) 鳴滝(なるたき)　東屋(あずまや)　泊里(とまり)　町第三(まちだいさん)　町中央(まちちゅうおう) 金比羅(こんぴら)　桜井(さくらい)			○
日和 (ひわ)	日和村 (〃)		奥谷(おくだに)　下郷(しもごう)　湯船谷(ゆぶねだに)　山ノ内(やまのうち)　横谷(よこたに) 中日和(なかひわ)　上郷(かみごう)　山根谷(やまねだに)　明泉谷(みょうせんだに)　大釜谷(おおがまだに)			○
高水 (こうずい)	田所村 (〃)	上田所				○

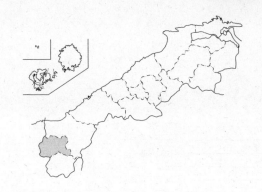

町章
　新しい町が、石見地方の中核的な役割を果たしてきた歴史的な背景と、お互いが協力し合い、誇りと希望をいつまでも持ち続ける町として、さらに発展することを願っています。
　図柄は、日本の伝統的な意匠である家紋風に、石見地方の「石」と、融合を意味する二つの「巴」で表しています。曲尺（かね）は正しさ「規範的な」という意味を持っています。

町の花　つわぶき　　　　　（H18. 9 .30制定）

町の木　樟（くすのき）　（H18. 9 .30制定）

町の鳥　白鷺（しらさぎ）（H18. 9 .30制定）

人口等の状況	年月日	平成17.10.1	平成22.10.1	平成27.10.1
	人口（人）	9,515	8,427	7,653
	世帯数（世帯）	3,626	3,411	3,300
	面積（km²）	307.09	307.09	307.03

〈町名の由来〉
　「津和野」という名称は、山紫水明のこの地に、遠い先史の昔初めて住みついた祖先が、この山峡に群がり咲いていた「つわぶき」の花に目をとどめ、その姿の清楚で高雅な風情に魅せられて"つわぶきの野"「つわの」と呼ぶに至ったことによるといわれている。

〈沿革〉
　当町域は、古くは美濃郡に属したが、承和10年（843年）鹿足郡の独立により同郡能濃郷に属した。
　中世期以降は、弘安5年（1282年）の吉見頼行の治城に始まり、吉見氏14代、坂崎氏1代、亀井氏11代と長期の治世により城下町が形成され、江戸期には津和野藩4万3千石の城下町として、日原地域の一部は、朱色山銅山があった関係から石見銀山領大森代官所の幕府領として栄えた。津和野藩は小藩が故に藩財政強化のため領内の新田開発、備荒貯穀、産業開発に努力し、特に石州半紙は大坂市場に進出し、藩財政の重要な財源となったが、この時期の農民の生活は、諸種の貢租、現物買上げ、課役に加えて、災害、凶作、飢饉に見舞われ大変に苦しかった。
　天和・貞享期（1681～1687年）には、天和倹約令とも相まって藩庫の蓄財は著しく「仮名手本忠臣蔵」のモデルとなるなど、その施策は歴史的に評価すべきものが多い。
　また、津和野藩は文武教育にも力を入れ、幕末維新期には我が国を代表する西周、森鷗外など多数の偉才を輩出した。明治2年の藩独自の版籍奉還、同4年の自主廃藩などは、高い文教政策の歴史的伝統に支えられた先進性によるものとされている。
　当町の主産業は農林業であるが、米作の過剰生産対策の中で収益性の高い工芸作物や果樹栽培など生産性の高い農業へ、またシイタケやワサビなどの特産化など農政の転換を図り、新しい町づくりを強力に推進している。また、山陰の小京都といわれる街並や清流高津川など美しい自然と豊かな歴史は全国各地から観光客を引きつけ、健康的な観光商業都市として進展している。

津和野町

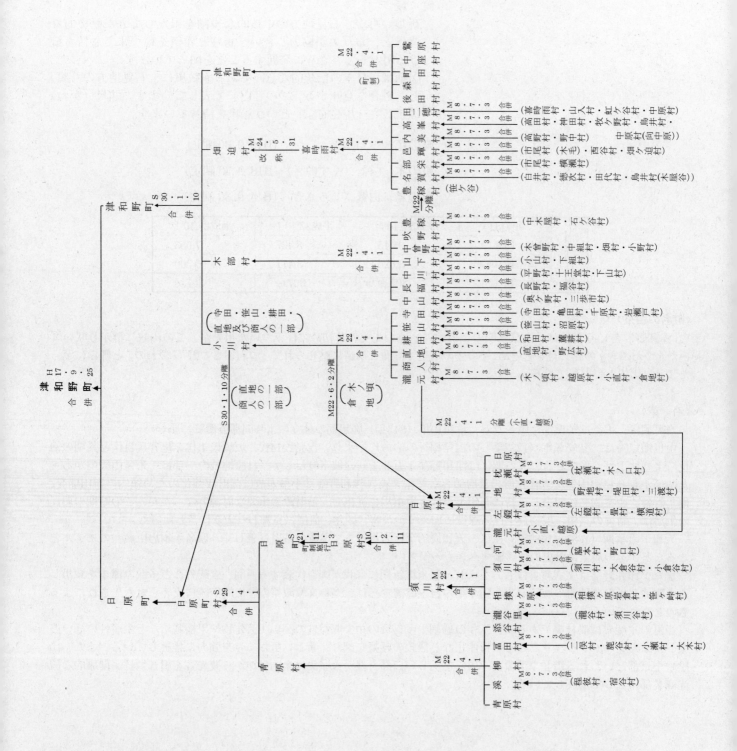

市町村名		津和野町（つわのちょう）					
役場の位置		〒699-5292　津和野町日原54番地25			電話番号	0856-74-0021	

合併等の状況	年月日	合体編入等の別	関係市町村名
	昭29. 4. 1	合　体	日原町・青原村（日原町設置）
	30. 1.10	〃	津和野町・畑迫村・木部村・小川村の一部（大字寺田・耕田・笹山・直地及び商人の一部）（津和野町設置）
	〃	分割編入	小川村の一部（大字商人及び直地の一部）を日原町に
	平17. 9.25	合　体	津和野町・日原町

字　名	旧市町村及び大字名	通　称	小字の区域 有		廃止済
			全域	一部	
中　山（なかやま）	木部村（津和野町）	中山　奥ヶ野　三歩市	○		
長　福（ながふく）	〃（〃）	長福　本郷　長野　福谷	○		
豊　稼（とよか）	〃（〃）	豊稼　石ヶ谷　中木屋	○		
	畑迫村（〃）	豊稼　笹ヶ谷			
中　川（なかがわ）	木部村（〃）	中川　十王堂　平野　下山	○		
山　下（やました）	〃（〃）	山下　下組　川尻	○		
中　曽　野（なかその）	〃（〃）	中曾野　中組　畑　小野	○		
吹　野（ふきの）	〃（〃）	吹野　吹野上　吹野下	○		
邑　輝（むらき）	畑迫村（〃）	邑輝　畑迫　白石　西谷　出合　木毛	○		
部　栄（ぶさか）	〃（〃）	部栄　市尾　上横瀬　下横瀬　戸谷	○		
内　美（ないみ）	〃（〃）	内美　野中　吉ヶ原　上高野　下高野	○		
田　二　穂（たにほ）	〃（〃）	田二穂　山入　虹ヶ谷　喜時雨　中原	○		
高　峯（たかみね）	〃（〃）	高峯　鳥井　田平　高田　牧ヶ野　中原	○		
名　賀（なよし）	〃（〃）	名賀　白井　木尾谷　徳次　田代	○		
鷲　原（わしばら）	津和野町（〃）	鷲原　大陰　鷲原　馬場　瀬戸　口屋丁　川丁　清水	○		
中　座（なかざ）	〃（〃）	中座　門林　新橋　中座　本門前	○		
町　田（まちだ）	〃（〃）	町田　町田　滝ノ前	○		
森　村（もりむら）	〃（〃）	森村　茶の木原　堀内　店屋丁　畦田　中島　代官丁	○		

津和野町

字　名	旧市町村及び大字名		通　称					小字の区域		
								有		廃止済
								全域	一部	
後田（うしろだ）	津和野町（津和野町）	後田	殿町（とのまち）	鉄砲丁（てっぽうちょう）	後田（うしろだ）	山根（やまね）	羽根（はね）	○		
			久保町（くぼちょう）	萬町（よろずちょう）	官場町（かんばちょう）	新丁（しんちょう）	今市（いまいち）			
			風呂屋町（ふろやちょう）	三軒家（さんげんや）	片河（かたこう）	藩庁跡（はんちょうあと）	本町（ほんまち）			
寺田（てらだ）	小川村（〃）	寺田	寺田上（てらだかみ）	寺田下（てらだしも）	下千原（しもちはら）	上千原（かみちはら）	岩瀬戸（いわせど）	○		
耕田（こうだ）	〃（〃）	耕田	和田（わだ）	麓耕（ろくごう）				○		
直地（ただち）	〃（〃）	直地	直地上（ただちかみ）	野広（のびろ）	松尾谷（まつおだに）			○		
商人（あきんど）	〃（日原町）	商人直地	商人上（あきんどかみ）	日浦（ひうら）	商人下（あきんどしも）			○		
笹山（ささやま）	〃（津和野町）	笹山	笹山（ささやま）	木野（この）	沼原（のんばら）			○		
日原（にちはら）	日原村（日原町）	日原	栄町（さかえまち）	旭町上（あさひちょうかみ）	旭町下（あさひちょうしも）	扇町（おおぎまち）	春日町（かすがまち）	○		
			幸町（さいわいまち）	金見町（かなみちょう）	清水町（しみずちょう）	山根町（やまねちょう）				
枕瀬（まくらせ）	〃（〃）	枕瀬	新地（しんち）	枕瀬西（まくらせにし）	枕瀬東（まくらせひがし）	木ノ口上（このくちかみ）	木ノ口下（このくちしも）	○		
瀧元（たきもと）	〃（〃）	瀧元	小直（おただ）	越原（おつばら）	原倉地（はらくらぢ）	木ノ頃（このころ）	大畑（おおたけ）	○		
河村（かわむら）	〃（〃）	河村	野口（のぐち）	脇本（わいもと）				○		
池村（いけむら）	〃（〃）	池村	堤田（つつみだ）	三渡（みわたり）	曾庭（そにわ）	野地（のじ）		○		
左鐙（さぶみ）	〃（〃）	左鐙	奥谷（おくだに）	獄福谷（だけふくたに）	古屋敷（ふるやしき）	一の谷（いちのたに）		○		
			左鐙（さぶみ）	島（しま）	横道（よこみち）					
須川（すがわ）	須川村（〃）	須川	坂ノ谷（さかのたに）	大倉谷（おおくらだに）	小倉谷（こぐらだに）	日浦（ひうら）	下左鐙（しもさぶみ）	○		
			須川（すがわ）							
相撲ヶ原（すもうがはら）	〃（〃）	相撲ヶ原	岩倉（いわくら）	相撲ヶ原（すもうがはら）	笹ヶ峠（ささがとうげ）			○		
瀧谷（たきだに）	〃（〃）	瀧谷	滝谷（たきだに）	小滝（こだき）	川平（かわひら）	大山谷（おおやまだに）	須川谷（すがわだに）	○		
青原（あおばら）	青原村（〃）	青原						○		
添谷（そえだに）	〃（〃）	添谷	添谷（そえだに）	奥殿（おくとん）				○		
冨田（とみた）	〃（〃）	冨田	小瀬（こぜ）	二俣（ふたまた）	大木（おおぎ）	鹿谷（しのたに）		○		
柳村（やなぎむら）	〃（〃）	柳村	柳（やなぎ）					○		
渓村（たにむら）	〃（〃）	渓村	程彼（ほどがん）	宿谷（しゅくのたに）				○		

吉賀町

町章
　吉賀町の「吉」の字を町民の融和を願い円を基調としてデザインした。また、「緑色は森林、青色は水、黄色は太陽を示し、豊かな自然環境に恵まれたまち」を表したものである。

町の花　ドウダンツツジ　（H18.12.18 制定）

町の木　コウヤマキ　　　（H18.12.18 制定）

人口等の状況	年月日	平成17.10.1	平成22.10.1	平成27.10.1
	人　口（人）	7,362	6,810	6,374
	世帯数（世帯）	2,845	2,805	2,810
	面　積（k㎡）	336.29	336.29	336.50

〈町名の由来〉
　平成17年10月1日、六日市町と柿木村が合併し吉賀町となる。「吉賀」という名称は、伝説の悪鹿（八畔鹿）の居たところということから、逆に善鹿として、吉賀の文字をあてたといわれる。また「鹿足」を「足鹿」とし「悪鹿」を連想させることから「善鹿」とし吉賀となったともいわれる。一般には前者によるといわれているが、いずれにしても鹿伝説にまつわるもので、古来、六日市・柿木地区を「吉賀郷」とよび、町名はこれに由来する。

〈沿　革〉
　当町域は、古くは美濃郡に、承和10年（843年）以降は美濃郡から独立した鹿足郡の鹿足郷に属した。郡名鹿足は『凶鹿の足跡より起りたるもの』といわれ、中世には吉賀郡吉賀郷の名で呼ばれており、5万分の1の地形図にも「俚称吉賀郷」と注記してある。
　吉賀盆地を北流する高津川本流と支流が織り成すデルタ地帯は古くから開け、中世にはすでに市が立ち市場町として栄えた。また、この地は広島県廿日市に通ずる吉賀路とこれに通ずる街道が交差しているため、交通の要衝となっていた。江戸期には、当町域は津和野藩の支配下におかれた。江戸中期には市店が開かれ、古代の市名も復興し、定市が月3回立ち、吉賀地方の交易の市として繁栄した。また、亀井氏時代には参勤交代路として陣屋、宿駅が置かれた。
　当町は中国山脈の北側、島根県の西南端に位置し、町域のほとんどが山林であることから、古来よりこの山林と吉賀川やその支川の渓流を利用した木材、木炭、シイタケ、半紙などの農林業が営まれてきた。亀井氏時代の主産物は農産物と製紙で、製紙は藩財政の重要な分野を占め、当地の生産量は藩の中で常に1～2位を占めていた。しかし、近代に至りこれも壊滅している。
　近世以来の製紙に代わるシイタケ、ワサビ、栗などの栽培は、現在当町の特産になっている。今後は有機農業をはじめとする安全で美味しい食べ物の生産を継承し、自然と共生できるまちをめざす。
　また、中国縦貫自動車道・六日市インターチェンジを有しており、この高速交通体系を活かし、山陽方面の都市部との経済、文化、産業交流を行っている。特に隣接する山口県、広島県との結びつきは強い。

吉賀町

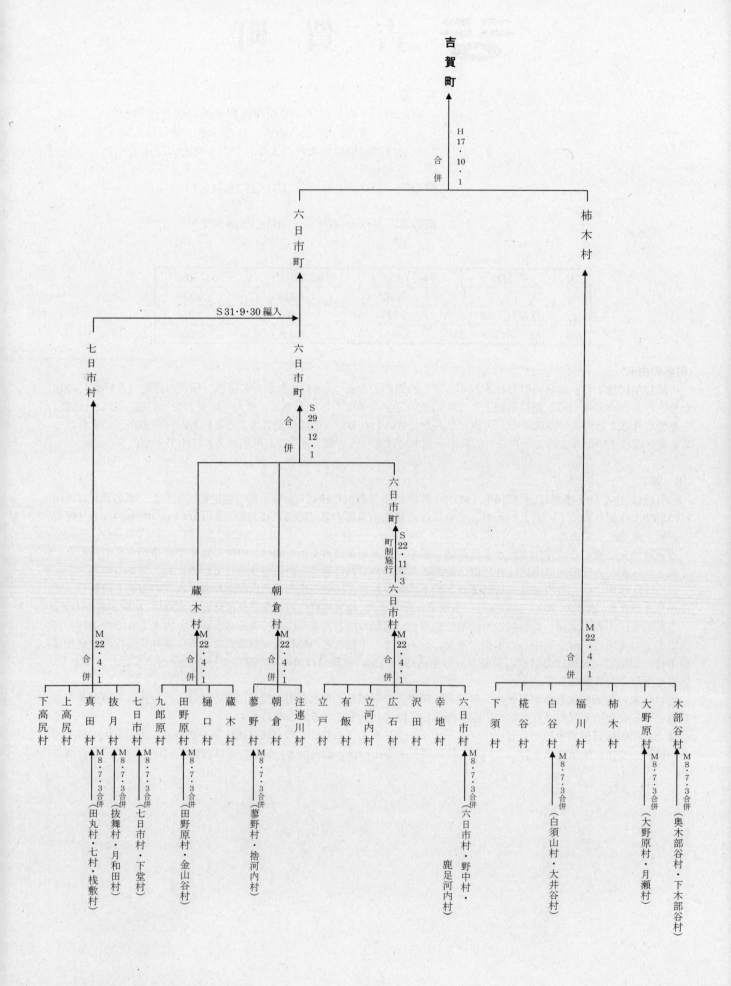

市町村名			よしかちょう 吉 賀 町				
役場の位置		〒699-5513　吉賀町六日市750番地			電話番号	0856－77－1111	
合併等の状況	年月日	合体編入等の別	関 係 市 町 村 名				
	明22.4.1	（村　制）	（柿木村）				
	昭22.11.3	（町　制）	六日市村（六日市町）				
	29.12.1	合　　体	六日市町・朝倉村・蔵木村（六日市町設置）				
	31.9.30	編　　入	七日市村を六日市町に				
	平17.10.1	合　　体	柿木村・六日市町				

字　名	旧市町村及び大字名		通　　　称				小字の区域		廃止済
							有		
							全域	一部	
かきのきむら 柿　　木　　村 かき の き 柿　　　　　木	柿木村 (柿木村)	柿木	ようちばらかみ 夜打原上	ようちばらしも 夜打原下	だいいち 第　一	やなばら 柳　原			○
			やなばらじゅうたく 柳原住宅	なかやまじゅうたく 中山住宅	しんやなばらじゅうたく 新柳原住宅	きょういんじゅうたく 教員住宅			
			さかもと 坂　本	なかばら 中　原	あいおいかみ 相生上	あいおいなか 相生中	あいおいじゅうたく 相生住宅		
			あいおいしも 相生下	あさひかみ 旭　上	あさひじゅうたく 旭住宅	あさひしも 旭　下			
かきのきむら 柿　　木　　村 ふく　　　　がわ 福　　　　　川	(〃)	福川	くりのき 栗　木	いずはら 伊豆原	かめだ 亀　田	さんのせ 三之瀬	もとごうしも 本郷下		○
			もとごうじゅうたく 本郷住宅	もとごうなか 本郷中	くちや 口　屋	おればし 折　橋	ひらの 平　野		
			こもと 古　本	すがはら 菅　原	まつばら 松　原				
かきのきむら 柿　　木　　村 かば　　　た 椛　　　　　谷	(〃)	椛谷	もどろ 茂土路	どば 土　場	かばたに 椛　谷	なかごうち 中河内	くろぶち 黒　渕		○
かきのきむら 柿　　木　　村 しら　　　　たに 白　　　　　谷	(〃)	白谷	しらたにかみ 白谷上	しらたにしも 白谷下	すぎやま 杉　山	いでがはら 井手ヶ原	おおいだにしも 大井谷下		○
			おおいだにし 大井谷西	おおいだにひがし 大井谷東					
かきのきむら 柿　　木　　村 し　　　　　も 下　　　　　須	(〃)	下須	ほうしぶち 法師淵	はらてかみ 原手上	はらてしも 原手下	しもがはらかみ 下ヶ原上	しもがはらしも 下ヶ原下		○
かきのきむら 柿　　木　　村 おお　　　の　　ばら 大　　野　　原	(〃)	大野原	つきぜ 月　瀬	こうず 向　津	なかぐみ 中　組	とのみょう 殿　明			○
かきのきむら 柿　　木　　村 き　　べ　　だに 木　　部　　谷	(〃)	木部谷	おちあい 落　合	きべだにじゅうたく 木部谷住宅	しもきべかみ 下木部上	なかむらしも 中村下			○
			なかむらかみ 中村上	ななせ 七　瀬	いのこやま 猪子山	なかま 中　間	かみきべ 上木部		
た　　の　　はら 田　　野　　原	蔵木村 (六日市町)	田野原	かわづ 河　津	かなやまたに 金山谷	はつみ 初　見	しんた 新　田	ほしざか 星　坂		○
			かしたに 柏　谷	たのはらなか 田野原中	たのはらにし 田野原西				
ひ　　　ぐ　　　ち 樋　　　　　口	(〃)	樋口	おか 岡	よします 吉　舞	しもごうち 下河内	いかじ 居鍛治			○

吉賀町

字名	旧市町村及び大字名		通称	小字の区域		
				有 全域	一部	廃止済
蔵木（くらぎ）	蔵木村 （六日市町）	蔵木	藤根上（ふじねかみ） 藤根中（ふじねなか） 藤根下（ふじねしも） 親迫（おやさこ） 太の妙（たいのみょう） 利光（としみつ） 重則（しげのり）			○
九郎原（くろうばら）	〃（〃）	九郎原	畑詰（はたづめ） 沖場（おきば） 溝手（みぞて） 常国（つねくに）			○
有飯（ありい）	六日市村（〃）	有飯	山根（やまね） 沖場（おきば） 八ヶ迫（やがさこ） 有綱（ありつな）			○
幸地（こうぢ）	〃（〃）	幸地	亀原（かめばら） 幸地（こうぢ） 畑（はた）			○
立河内（たちごうち）	〃（〃）	立河内	立河内上（たちごうちかみ） 立河内中（たちごうちなか） 立河内下（たちごうちしも）			○
沢田（さわだ）	〃（〃）	沢田	沢田上（さわだかみ） 沢田中（さわだなか） 沢田下（さわだしも） 恩給（おんぎゅう）			○
六日市（むいかいち）	〃（〃）	六日市	鹿足河内（かのあしごうち） 溝上（みぞかみ） 新宮町（しんぐうまち） 朝日町（あさひまち） 栄町（さかえまち） 久保田（くぼた） 横町（よこまち） 本町（ほんまち） 八王寺（はちおうじ） 新町（しんまち）			○
広石（ひろいし）	〃（〃）	広石	河口（かわぐち） 堂免（どうめん） 岡（おか） 上土井（かみどい） 下土井（しもどい） 久保（くぼ） 広石下（ひろいししも）			○
立戸（たちど）	〃（〃）	立戸	立戸東（たちどひがし） 立戸西（たちどにし）			○
注連川（しめがわ）	朝倉村（〃）	注連川	仲の原（なかのはら） 三助（さんすけ） 河内（こうち） 沖場（おきば） 堂免（どうめん） 光長（みつなが）			○
朝倉（あさくら）	〃（〃）	朝倉	広尾（ひろお） 仲仙道（なかせんどう） 吉原（きちばら） 坂折（さかおり） 院身（いんみ） 樋の口（ひのくち） 奥仲（おくなか）			○
蓼野（たでの）	〃（〃）	蓼野	棗（なつめ） 本郷（もとごう） 中村（なかむら） 安吉（やすよし） 河山奥（かわやまおく） 出合（であい） 捨河内（すてごうち） 小河内（おごうち） 野田（のだ）			○
七日市（なぬかいち）	七日市村（〃）	七日市	小野々（おのの） 元町（もとまち） 丸町（まるまち） 本町（ほんまち） 伊勢原（いせばら） 相生（あいおい） 旭町（あさひまち） 幸町（さいわいまち） 横立（よこだて） 皆富（みなとみ） 大橋（おおはし）			○
抜月（ぬくつき）	〃（〃）	抜月	月和田（つきわだ） 河内（こうち） 大谷（おおたに）			○
真田（さなだ）	〃（〃）	真田	七村（ななむら） 山根（やまね） 田丸（たまる） 桟敷（さじき）			○
下高尻（したかじり）	〃（〃）	下高尻	尻高（しりたか） 保道（ほどう） 西組（にしぐみ）			○
上高尻（かみたかじり）	〃（〃）	上高尻	柏原（かしわばら） 上ノ原（うえのはら） 奈良原（ならばら） 折元（おりもと）			○

海 士 町

海 士 町

町章
下方の三は水、輪郭は波で「海」を意味し、中央の菊は「士」の字形で海士を表現している。また、本町は海中の一島であり、後鳥羽上皇行在所及び御火葬塚があり、菊は皇室の御紋章でその始まりは後鳥羽上皇といわれ、御製「我こそは新島守よ隠岐の海の荒き波風こころして吹け」の海と菊をもって史跡の町を併せ表現している。

町の花 ―

町の木 ―

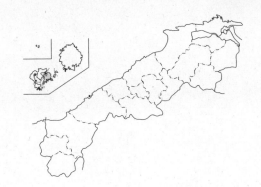

人口等の状況	年月日	平成17.10.1	平成22.10.1	平成27.10.1
	人口（人）	2,581	2,374	2,353
	世帯数（世帯）	1,160	1,052	1,057
	面積（k㎡）	33.51	33.52	33.43

〈町名の由来〉

「海士」という名称は、古代律令制に基づく国郡里制の「海部郡(あま)」によるものであり、海・漁夫・漁撈民等を意味すると思われる。

〈沿革〉

当町域は、古くは海部郡といわれ、布施・海部・佐作の3郷がおかれた。中世の「吾妻鏡」には阿摩郡苅田郷の地名がみえる。奈良時代より罪人遠流の島として、有名無名の人が流され、その哀話や史蹟が数多く残っている。後鳥羽上皇の配流はその代表的なものである。戦国大名の領国時代を経て、松江藩による検地が慶長18年（1613年）に行われた。長い封建制治下、住民は農漁民として苦しい生活を強いられた。この頃の村は「隠州記」によると8か村がみえる。

明治末期から昭和初期にかけて、村の産業奨励により耕地整理事業が進められ、農漁村としての基盤が整い、漁船の動力化もあって経済力が増した。第一次大戦後は京阪神への出稼者が増加し、男子は工場労働者及び船員、女子は紡績工などになった。戦後の農地解放で水田を基盤とした農村として再生し、機械化も進み畑作も拡大した。しかし、昭和30年代半ばより高度経済成長の時代となり、再び農業を離れて都市に流出する人が増え、出生率の低下とあいまって過疎老齢化が進んだ。

近年は、自然環境と地域資源を活かした農林水産と観光とを絡めた取り組みや地産地消の拡大による新しい産業づくりを手がけている。昭和38年に国立公園に指定され観光地として一躍脚光を浴びたが、当時の'離島ブーム'は一過性のものであり、年間を通じての継続的な観光振興は現在にも続く重要な課題となっている。

昭和50年代から、就業機会や雇用の場が無いことから若年層の島外流出が進み、生産年齢層が大幅に脱落して極端な少子高齢化が進展。さらに昭和55年頃以降は漁業を中心に島の第一次産業が低迷し、人口の社会的流出が続いていた。

時代が平成となっても少子高齢化による生産年齢人口の減少に歯止めがかからないばかりか、公共投資の急激な縮小、地方交付税の大幅な減額による財政危機といった極めて厳しい状況におかれる。

しかし海士町は平成11年、第3次海士町総合振興計画「キンニャモニャの変」始動とともに地域資源を活かした商品開発に着手。『平成の大合併』が進む中でも単独町制の道を選び、平成16年には「海士町自立促進プラン」を策定。人件費削減などの徹底的な行財政改革と、「島まるごとブランド化計画」による産業振興を推進してきた。

以来、官民一体となった取り組みが功を奏し、島の地域資源に付加価値をつけた'海士ブランド'が続々と生まれており、「島じゃ常識さざえカレー」やいわがき「春香」、「島生まれ、島育ち、隠岐牛」などは既に全国レベルの知名度を持つ。平成16年度に導入した特殊な冷凍技術「CAS」による冷凍加工食品も、首都圏を中心に販路を広げ、年々売上を伸ばしている。

そして平成21年、第4次海士町総合振興計画「島の幸福論」が始動。少子高齢化は依然として進行しているが、町政の経営指針として『自立・挑戦・交流 〜人と自然が輝き続ける島に〜』を掲げ、「ものづくり」によるさらなる雇用創出や定住促進を進める一方、地域を担う「ひとづくり」にも着手した。

生徒数の減少により統廃合の危機にあった隠岐島前高校を「志ある未来の担い手を輩出する地域の学校」と再定義し、外から意欲ある生徒を受け入れる「島留学」を行うなど、西ノ島町・知夫村との島前3町村が連携して魅力ある学校づくりを行っている。平成20年度には88名まで減少していた全校生徒数は平成26年度には156名まで増加し、全学年2クラス化も実現している。地域との交流も盛んで、高校だけでなく島前3町村全体の活性化に寄与している。

高校生だけではなく、近年はIターン者の増加も著しく（平成16年度から27年度末までの12年間で521人、356世帯、定着率5割）、Uターン者を含む地元民との交流から生まれるパワーやアイデアを活かした柔軟な発想のまちづくりを、島民一丸となって推進中である。

海士町

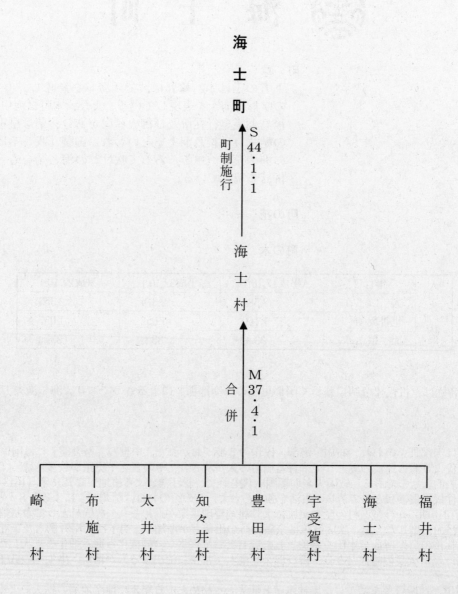

市町村名	海士町(あまちょう)						
役場の位置	〒684-0403　海士町大字海士1490番地			電話番号	08514-2-0111		

合併等の状況	年月日	合体編入等の別	関係市町村名				
	明37.4.1	（村制）	（海士村）				
	昭44.1.1	（町制）	海士村（海士町）				

字名	旧市町村及び大字名		通称		小字の区域		廃止済
					有		
					全域	一部	
福井(ふくい)	海士村(海士町)	福井	菱浦(ひしうら)　福井(ふくい)				○
海士(あま)	（〃）	海士	西(にし)　中里(なかざと)　東(ひがし)　北分(きたぶ)				○
宇受賀(うずか)	（〃）	宇受賀					○
豊田(とよだ)	（〃）	豊田					○
知々井(ちちい)	（〃）	知々井	保々見(ほぼみ)　知々井(ちちい)				○
御波(みなみ)	（〃）	御波	御波(みなみ)　日須賀(ひすか)				○
崎(さき)	（〃）	崎	崎(さき)　多井(おおい)				○

西ノ島町

町 章
　西ノ島町の地形を図案化し、調和のある発展を象徴し、円は町民の融和と団結を表している。

町の花　椿（つばき）

町の木　黒松（くろまつ）

人口等の状況	年月日	平成17.10.1	平成22.10.1	平成27.10.1
	人　口（人）	3,486	3,136	3,027
	世帯数（世帯）	1,568	1,477	1,499
	面　積（k㎡）	56.01	56.05	55.96

〈町名の由来〉
　「西ノ島」という名称は、昭和32年の浦郷町、黒木村の合併の際公募により決定されたもので、島の名称西ノ島による。西ノ島は、その昔島前地区海上交通の玄関口であった知夫里島の西にあることから名付けられたといわれており、古くから伝わる固有の地名である。

〈沿　革〉
　当町域は、古くは智夫郡（「和名抄」では知夫郡）に属し、宇良、由良、三田の3郷がおかれた。（由良郷は、現在の知夫里島という説もある。）
　当町は、総面積の93％が山林原野で、耕地は美田川に沿ったわずかの平坦地で開けているにすぎない。中世期には、元弘2年（1332年）後醍醐天皇がこの地に流され、黒木御所が置かれたといわれている。江戸期には、西ノ島の東海岸は良港に恵まれており、日本海の西廻海運の寄港地となっていた。古くから水利の便が悪く耕地が限られているため、主たる産業は、牧畑による畜産と漁業であった。特に、大正4年島の中央部にあたる船引地峡の運河（約340m）の開削は、東海岸の漁港から大きく迂回せずとも好漁場である西海岸に出られるようになり、町の漁業発展に重要な役割を果たした。
　現在も町の生産高の大きな割合を占める漁業の振興は最大の課題で、漁業担い手の確保や水産加工商品の量産体制構築・販路拡大など漁業発展のための施策が重点的に進められている。
　また、昭和38年隠岐島の国立公園編入以来観光客は増加していたが、「離島ブーム」が過ぎるとともに観光客数は大幅に減少、近年では豊富な観光資源を活かした体験プログラムを構築するなど幅広い観光客の受け入れ体制の充実を図っている。
　さらに、平成25年の世界ジオパークへの認定を契機に隠岐の自然などを活かした地域活性化にも取り組んでいる。

西ノ島町

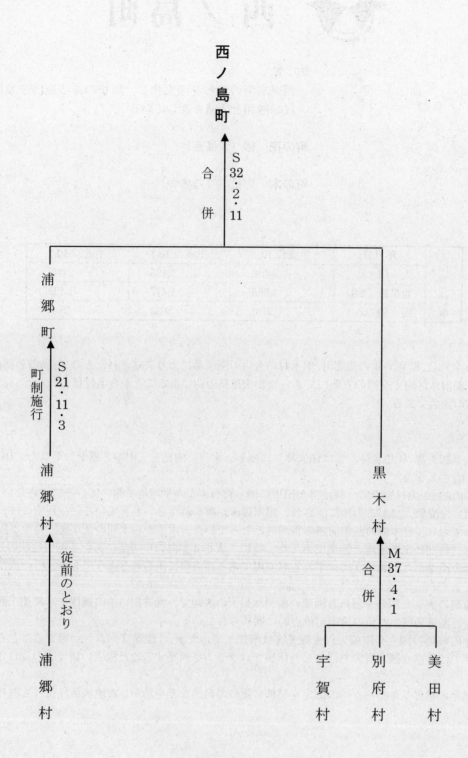

市町村名		西ノ島町（にしのしまちょう）					
役場の位置	〒684-0211　西ノ島町大字浦郷534番地			電話番号	08514-6-0101		
合併の状況等	年月日	合体編入等の別	関係市町村名				
	昭32.2.11	合体	浦郷町・黒木村（西ノ島町設置）				

字　名	旧市町村及び大字名		通　称	小字の区域		
				有		廃止済
				全域	一部	
宇賀（うか）	黒木村（西ノ島町）	宇賀	宇賀（うが）　倉ノ谷（くらのたに）　物井（ものい）	○		
別府（べっぷ）	〃（〃）	別府		○		
美田（みた）	〃（〃）	美田	美田尻（みたじり）　小向（こむかい）　大津（おおつ）　市部（いちぶ）　船越（ふなごし） 大山（おおやま）　波止（はし）	○		
浦郷（うらごう）	浦郷村（〃）	浦郷	本郷（ほんごう）　赤之江（しゃくのえ）　三度（みたべ）　珍崎（ちんざき）	○		

知　夫　村

村　章
だれにも愛され、親しまれるようにと漢字の「知夫」の字を円形に図案化したもので、村民の円満・融和・団結と限りない繁栄を祈念し、表現したものである。

村の花 －

村の木 －

人口等の状況	年月日	平成17.10.1	平成22.10.1	平成27.10.1
	人　口（人）	725	657	615
	世帯数（世帯）	366	326	331
	面　積（km²）	13.70	13.70	13.70

〈村名の由来〉
　「知夫」という名称は、古代船人が海上安全を祈ってこの島に道路の神、すなわち道触神（ちぶりのかみ）を奉祀したことから発生したと考えられている。

〈沿　革〉
　当村域は、古くは智夫郡（「和名抄」では知夫郡）に属したが、郷については定かでない。（由良郷とする説もある。）
　当村は、島根半島沖合の日本海に浮かぶ隠岐諸島中最南端に位置し、本土に最も近いため、古く奈良・平安の時代から日本海航行の船舶の避難港あるいは風待港として、欠くことのできない要港として発達してきた。中世期には流人の歴史がある。近世は、最近まで存続していた牧畑農法に特徴づけられる。これは、畑を4区分し、4年に1度の割合で放牧、麦作、稗作、大豆作を交代させるもので、放牧は集落共同の慣行であった。明治に入ると、牧畑及び畑作を中心に漁業が盛んに行われ、少しばかりの稲作も行われた。主たる漁獲物は、スルメ・ナマコ・アワビで、これらは長崎俵物として清国へも輸出された。
　当村は古代から一島一村であり、明治を経て現在に至るまでずっと一島一村を続けている。当村においても高度経済成長時に人口が減少し、出稼者も多く、老齢型の村となっている。現在、漁業、農業、観光を重点に施策が進められているが、昭和52年に村有史以来の未曾有の集中豪雨に襲われ、甚大な被害を受けた。この災害による村民の物心両面にわたる深い痛手は村行政全般に停滞をもたらしたが、現在はこの災害復旧工事も完遂し、「活力ある住み良い郷土知夫」を築き上げるための努力が続けられている。

知夫村

知夫村 ←（従前のとおり）── 知夫村 ←（江戸期）── 知夫利（里）村

（M37・4・1 町村制施行）

知夫村

市町村名		知夫村(ちぶむら)			
役場の位置	〒684-0102　知夫村1065番地			電話番号	08514-8-2211
の合状況等併	年月日	合体編入等の別	関係市町村名		
	明37.4.1	（村制）	（知夫村）		

字名	旧市町村及び大字名	通称		小字の区域		
				有		廃止済
				全域	一部	
－	知夫村（知夫村）	－	多沢(たたく)　薄毛(うすげ)　郡(こおり)　大江(おおえ)　来居(くりい) 仁夫(にぶ)　古海(うるみ)	○		

・（注）大字はない。

隠岐の島町

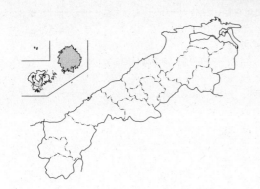

町　章

隠岐の島町の頭文字「O（オー）」と日本海の波頭をモチーフに、まちの調和ある発展とこころのやすらぎを表す円（輪＝和）の広がりを基調とし、まちの輝きを表す白い円とそれをやさしく、かつ力強くつつむ二つの波は、活発な交流、人々が共に支え合う姿、隠岐に育つたくましい隠岐びとの姿を、色は隠岐の美しく豊かな自然と悠久の歴史を表し、全体として隠岐の島町のまちづくりの理念を表しています。

町の花　隠岐しゃくなげ（H21.10.25制定）

町の木　　杉　　　（H21.10.25制定）

人口等の状況	年月日	平成17.10.1	平成22.10.1	平成27.10.1
	人口（人）	16,904	15,521	14,608
	世帯数（世帯）	6,784	6,468	6,250
	面積（km²）	242.97	242.95	242.83

〈町名の由来〉

　平成16年10月1日の島後4か町村合併のため、全国より募集した約4千通の作品の中から、「隠岐の島町」を日本海の島であり、歴史、景観をうたった観光においても隠岐の島というイメージが最も全国的に知られており、地理的にもよくわかり、一番親しみやすい名前であるとして、新町の名称として、隠岐島後町村合併協議会において決定した。

〈沿　革〉

　かつて日本海を航行する船の標識ともみなされたという、隠岐島後の最高峰大満寺山の一帯には、オキシャクナゲの群落や、オキフウランの自生地が今も残されています。

　遙か遠い歴史を伝える蓮華会舞、御霊会風流、武良祭風流、牛突きなどのまつりごとは、それぞれの想いを秘め次の世代に伝えられています。

　なだらかな曲線の美しさが印象的な白島、雄々しくそびえる断崖絶壁、わたしたちのまち隠岐の島町は、ぐるりと日本海に囲まれた隠岐島後にあり、永く遙かな歴史をとおして、ずっと海とともに暮らしてきました。

　隔絶された離島だからこそ残された自然があり、配流の地として、北前船の寄港地として海を越えてやってくるものを受け入れた離島ならではの歴史文化があります。

　わたしたちは、海と山がもたらした自然の恵みと、先人が築いてきた人々の営みを受け継いできました。

　幕末の混乱の中、松江藩郡代を追放し隠岐自治政府を樹立するため隠岐維新がありました。「自らのことは自らで守り」、「自らの願いは自らで実現する」ため、島民自らによる自治機関を設立し、80日間の短期間でしたが独立した政府による自治が行われました。

　地方分権が進む中で、この町の自然と歴史を踏まえて「円い輪のなか心ゆき交うやすらぎのまち」を合言葉に掲げ、平成16年10月1日に西郷町（旧）、布施村（旧）、都万村（旧）、五箇村（旧）の四町村合併により新生「隠岐の島町」として新たな歴史を力強く刻み始めました。

　平成25年9月には、隠岐の島町を含む隠岐諸島の「大地の成り立ち」、「独自の生態系」、「人の営み」の関係が評価され、世界ジオパーク（ユネスコ支援事業（2015年正式事業化））に認定されました。

　世界ジオパークの認定により、地域資源の再認識・再確認が進み、地域住民の誇りの創出・郷土学習の充実につながるとともに、隠岐全体としてのPRや取り組みの連携が進んでいます。

　なお、隠岐の島町の一部である竹島については、明治38年1月28日の閣議決定を経て、同年2月22日の島根県告示第40号により島根県所属となり、昭和14年4月24日の五箇村議会で同村に編入される決議がなされました。

隠岐の島町

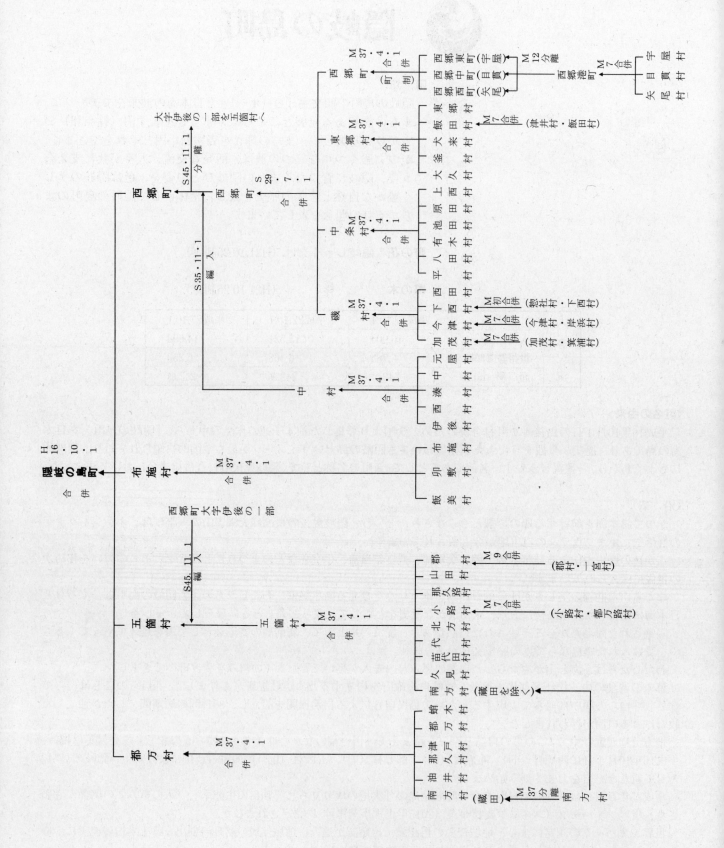

隠岐の島町

市町村名	隠岐の島町（おきのしまちょう）			
役場の位置	〒685-8585　隠岐の島町城北町1番地		電話番号	08512－2－2111

合併等の状況	年月日	合併編入等の別	関係市町村名
	昭29. 7. 1	合　体	西郷町・東郷村・中条村・磯村（西郷町設置）
	35.11. 1	編　入	中村
	45.11. 1	境界変更	西郷町の一部（大字伊後の一部）を五箇村へ
	平16.10. 1	合　体	西郷町・布施村・五箇村・都万村

字　名	旧市町村及び大字名		通　称	小字の区域		廃止済
				有		
				全域	一部	
有木（あらき）	中条村（西郷町）	有木	井原　岩市　後谷　久曾地　クラミ口 権現原　坂根　桜田　芹沢　竹田 大光寺前　月無　寺原　殿屋敷　堂田 尼寺原　尼寺山　橋　広田　前田南 宮の前　向山崎　横田	○		
飯田（いだ）	東郷村（〃）	飯田	有田　鍛冶屋崎　熊の腰　倉の前　里 白崎　立石　田の前　津の井　戸畑 泙浦　ハゲの前　浜原　風呂屋ヶ谷 前田　宮原　屋敷余り　矢谷	○		
飯美（いび）	布施村（布施村）	布施		○		
池田（いけだ）	中条村（西郷町）	池田	池畔　尾添　高城　野中　船ヶ谷 風呂前　向田　横手	○		
伊後（いご）	中村（〃）	伊後		○		
犬来（いぬぐ）	東郷村（〃）	犬来		○		
今津（いまづ）	磯村（〃）	今津			○	
卯敷（うずき）	布施村（布施村）	卯敷		○		
大久（おおく）	東郷村（西郷町）	大久	伊浜　上原　内畑　上浜　上平市 神原　小坂　下モ　下浜　下平市 寿満山　寺空　中原　諾浦　原 前田　宮原　山根	○		
釜（かま）	（〃）	釜		○		

— 205 —

隠岐の島町

字　名	旧市町村及び大字名	通　称	小字の区域 有 全域	小字の区域 有 一部	廃止済
上西（かみにし）	中条村（西郷町）	上西／安部（あべ）　雨来（あめぎ）　一ノ瀬（いちのせ）　一本松（いっぽんまつ）　入久戸（いりくど）／後ヶ谷（うしろがたに）　大道（おおみち）　奥谷（おくのたに）　隠畑（かくればた）　上真杉（かみますぎ）／上屋敷（かみやしき）　上脇（かみわき）　蔵見（くらみ）　小井手平（こいてびら）　坂ノ下（さかのした）／椎並崎の一（しいなみざきのいち）　蛇谷（じゃだに）　千峯（せんぼう）　滝畑（たきばたけ）　田平上（たひらのかみ）／渓田（たんだ）　津戸畑（つどばたけ）　中河原（なかがわら）　中田（なかだ）　中脇（なかわき）／巴豆尾（はずお）　原平（はらへい）　平田（へいだ）　坊主山（ぼうずやま）　前平田（まえへいだ）／馬盥（まだらい）　峯堀（みねほり）　骸谷（むくろだに）　森ノ前（もりのまえ）　落ヶ谷（らくがだに）／蓮花畑（れんげばた）　脇（わき）	○		
加茂（かも）	磯村（〃）	加茂／神尾（かんび）　箕浦（みのうら）		○	
元屋（がんや）	中村（〃）	元屋	○		
北方（きたがた）	五箇村（五箇村）	北方	○		
久見（くみ）	〃（〃）	久見	○		
蔵田（くらた）	都万村（都万村）	蔵田	○		
小路（こうじ）	五箇村（五箇村）	小路	○		
郡（こおり）	〃（〃）	郡	○		
栄町（さかえまち）	西郷町東郷村（西郷町）	東町　西町　町中　町郷の一部			○
下西（しもにし）	磯村（〃）	下西		○	
代（しろ）	五箇村（五箇村）	代	○		
城北町（じょうほくまち）	西郷町中条村（西郷町）	港町　町田　八西　下木　有の一部			○
蛸木（たこぎ）	都万村（都万村）	蛸木	○		
津戸（つど）	〃（〃）	津戸	○		
都万（つま）	〃（〃）	都万	○		
東郷（とうごう）	東郷村（西郷町）	東郷／赤地（あかじ）　粟井原（あわいはら）　浦地（うらじ）　浦松（うらまつ）　榎本（えのもと）／大井（おおい）　大風呂（おおぶろ）　奥日記（おくにっき）　小田（おだ）　亀尻（かめじり）／川尻（かわしり）　神米（かんべ）　神米鼻（かんべばな）　宮田（くんだ）　甲の瀬（こうのせ）	○		

隠岐の島町

字　名	旧市町村 及び大字名	通　称	小字の区域		
			有		廃止済
			全域	一部	
とうごう 東　　　郷	東郷村 (西郷町)	東郷	こうらじ　すなお　すみだ　たきのこし　てんなん 小浦地　砂尾　角田　滝の腰　転難 なかだに　はら　ひがしみやお　むこうなだ　ゆのつ 中谷　原　東宮尾　向灘　温の津 よしづ 吉津	○		
なかまち 中　　　町	西郷町 (〃)	中町	いずもいのいち　いずもいのに　いずもいのさん 出雲結の一　出雲結の二　出雲結の三 いずもいのかみ　おおしろのご　おおしろのに　つつみじり 出雲結の上　大城の五　大城の二　堤尻 めいだのいち　めいだのに　めいだのさん　めぬきのいち 名田の一　名田の二　名田の三　目貫の一 めぬきのに　めぬきのさん　めぬきのよん　ゆきのお 目貫の二　目貫の三　目貫の四　行尾	○		
なかむら 中　　　村	中村 (〃)	中村			○	
なぐ 那　　　久	都万村 (都万村)	那久		○		
なぐろ 那　久　路	五箇村 (五箇村)	那久路		○		
なわしろだ 苗　代　田	〃 (〃)	苗代田		○		
にしだ 西　　　田	磯村 (西郷町)	西田		○		
にしまち 西　　　町	西郷町 (〃)	西町	おおしろのいち　おおしろのよん　どいしき　めいだのいち 大城の一　大城の四　土居敷　名田の一 めいだのに　めいだのさん　めいだのよん　めいだのご 名田の二　名田の三　名田の四　名田の五 やびのいち　やびのに　やびのさん　やびのよん 八尾の一　八尾の二　八尾の三　八尾の四 よしだのいち　よしだのに　よしだのさん　よしだのよん 吉田の一　吉田の二　吉田の三　吉田の四	○		
にしむら 西　　　村	中村 (〃)	西村		○		
はらだ 原　　　田	中条村 (〃)	原田			○	
ひがしまち 東　　　町	西郷町 (〃)	東町	いずもいのしも　うやのおく　うやのかみ　うやのしも 出雲結の下　宇屋の奥　宇屋の上　宇屋の下 かざはや　とぐ　はんざき　へぎ　みないだ 風早　登具　半崎　ヘギ　ミナイダ	○		
ふせ 布　　　施	布施村 (布施村)	布施		○		
へい 平	中条村 (西郷町)	平		○		
みさきまち 岬　　　町	磯村 (〃)	岬町	いいのやま　いけがとこ　いしばたけ　うるしだに　かぜのまつ 飯の山　池ヶ床　石畑　漆谷　風の松 からしやま　たかい　たがき　なかのつのよん 辛山　高井　田垣　中の津の四 ひらいわのいち　ひらいわのに　ひらいわのさん　みさき 平岩の一　平岩の二　平岩の三　岬	○		
みなと 湊	中村 (〃)	湊		○		
みなとまち 港　　　町	西郷町 (〃)	港町	おおつのいち　おおつのに　さしむこう　しおぐち　てんじんばら 大津の一　大津の二　指向　塩口　天神原	○		
みなみかた 南　　　方	五箇村 (五箇村)	南方		○		
やまだ 山　　　田	〃 (〃)	山田		○		
ゆい 油　　　井	都万村 (都万村)	油井		○		

【参考資料】 島根県内の市町村役場住所一覧

(平成29年4月1日現在)

郡名	フリガナ	市町村名	フリガナ	郵便番号	所在地	電話番号	FAX
		松江市	マツエシ	690-8540	松江市末次町86	0852-55-5555	55-5530
		浜田市	ハマダシ	697-8501	浜田市殿町1	0855-22-2612	23-1866
		出雲市	イズモシ	693-8530	出雲市今市町70	0853-21-2211	21-2222
		益田市	マスダシ	698-8650	益田市常盤町1-1	0856-31-0100	23-4977
		大田市	オオダシ	694-0064	大田市大田町大田ロ1111	0854-82-1600	82-8944
		安来市	ヤスギシ	692-8686	安来市安来町878-2	0854-23-3000	23-3152
		江津市	ゴウツシ	695-8501	江津市江津町1525	0855-52-2501	52-1380
		雲南市	ウンナンシ	699-1392	雲南市木次町里方521-1	0854-40-1000	40-1029
仁多郡	ニタグン	奥出雲町	オクイズモチョウ	699-1592	仁多郡奥出雲町三成358-1	0854-54-1221	54-1229
飯石郡	イイシグン	飯南町	イイナンチョウ	690-3513	飯石郡飯南町下赤名880	0854-76-2211	76-2221
邑智郡	オオチグン	川本町	カワモトマチ	696-8501	邑智郡川本町大字川本271-3	0855-72-0631	72-0635
〃	〃	美郷町	ミサトチョウ	699-4692	邑智郡美郷町粕渕168	0855-75-1211	75-1218
〃	〃	邑南町	オオナンチョウ	696-0192	邑智郡邑南町矢上6000	0855-95-1111	95-2351
鹿足郡	カノアシグン	津和野町	ツワノチョウ	699-5292	鹿足郡津和野町日原54-25	0856-74-0021	74-0002
〃	〃	吉賀町	ヨシカチョウ	699-5513	鹿足郡吉賀町六日市750	0856-77-1111	77-1891
隠岐郡	オキグン	海士町	アマチョウ	684-0403	隠岐郡海士町大字海士1490	08514-2-0111	2-0208
〃	〃	西ノ島町	ニシノシマチョウ	684-0211	隠岐郡西ノ島町大字浦郷534	08514-6-0101	6-0683
〃	〃	知夫村	チブムラ	684-0102	隠岐郡知夫村1065	08514-8-2211	8-2093
〃	〃	隠岐の島町	オキノシマチョウ	685-8585	隠岐郡隠岐の島町城北町1	08512-2-2111	2-6005